이 책을 펴시는 모든 분들께서
행복한 삶 누리시길 기원합니다.

골퍼를 살리는 캐디
골퍼를 죽이는 캐디

베 스 트 캐 디 로 거 듭 나 는 캐 디 전 략 서 !

# 골퍼를 살리는
## 캐디 골퍼를 죽이는
### 캐디

김덕상 지음

집사재

# 골퍼를 살리는 캐디
## 골퍼를 죽이는 캐디

**초판 1쇄 발행일** | 2009년 10월 20일
**개정 1쇄 발행일** | 2015년 04월 15일

**지은이** | 김덕상
**후  원** | 한국골프칼럼니스트협회
**발행인** | 최화숙
**그  림** | 김성규
**발행처** | 집사재
**출판등록** | 1994년 6월 9일
**등록번호** | 제10-991호

**주소** | 서울시 마포구 서교동 377-13 성은빌딩 301호
**전화** | 335-7353~4
**팩스** | 325-4305
**e-mail** | pub95@hanmail.net / pub95@naver.com

ISBN 978-89-5775-163-3  03690

값 10,000원

# 골프산업과 골프문화 발전을 위한 축복

이제는 우리나라도 세계적인 골프강국으로 떠오르고 있다. 미국, 일본, EU에 이어 골프인구의 규모나 골프산업의 규모에서 세계 4위에 속하며 세계무대에서 우수한 선수들이 훌륭한 기량으로 좋은 성적을 내고 있다.

특히 2009년 양용은 선수가 아시아인 최초로 PGA메이저 대회에서 우승한 것은 한국 골프사에 길이 기록될 쾌거이며 우리나라 골프 발전에 좋은 자극제가 되고 있다. 더구나 골프가 올림픽 정식종목으로 채택될 것으로 예상되기 때문에 향후 우리나라 골프산업은 또 한 차례의 도약기를 맞이할 것으로 보인다.

한편 골프는 스포츠적인 측면뿐만 아니라 건전한 국민여가 활동으로 자리잡아 왔으며 만남과 소통의 장(場)으로도 중요한 사회적 기능을 담당해 왔다.

특히 최근 우리나라 골프장을 찾는 외국인들은 한국형 골프장의 우수성을 높이 평가하고 있다. 이처럼 골프는 스포츠적인 면에서나 산업적인 면, 국민여가적인 면에서 그 중요성이 점점 커지고 있다.

이런 현실에 비추어 볼 때 우리나라 골프산업 발전과 골프문화 선진화를 위하여 지금 가장 절실한 과제는 캐디의 수준을 한 차원 높이는 일일 것이다. 현재도 우리나라 캐디는 세계적으로 가장 우수하다는 평가를 받고 있다. 그러나 골프산업의 발전 속도와 세계적 경쟁추세를 감안한다면 이제 명품캐디 시대를 열어가는 것이 우리나라 골프장의 선진화를 위해 꼭 필요한 일이다.

이러한 시대환경에 비추어 볼 때 이번 한국골프칼럼니스트협회 김덕상 부회장의 저서 〈골퍼를 살리는 캐디, 골퍼를 죽이는 캐디〉의 출간은 크게 환영할 일이 아닐 수 없다.

김부회장은 오랫동안 골프칼럼니스트로 활동하면서 국내외 많은 골프장을 섭렵하였을 뿐만 아니라 골프선수인 아들의 캐디역할도 다년간 직접 체험했다. 게다가 그동안 수많은 골프장에서 캐디교육을 담당해 왔으며 그 결과는 항상 성공적이었다. 나는 캐디교육에 관한 한 이론과 경험에서 김부회장이 국내 최고라고 확신한다.

이번에 발간되는 책은 캐디뿐만 아니라 골프장 경영자

그리고 골퍼들에게도 축복이 아닐 수 없다. 골프장의 수준과 명성은 결국 캐디에 의해 큰 영향을 받게 된다. 캐디가 바로 '고객접점'이기 때문이다.

이 책에는 수많은 골프장과 경영자 그리고 캐디가 때로는 실명으로 때로는 이니셜 이름으로 등장한다. 그만큼 구체적 사례들이 생생하게 담겨 있다.

이 책은 골프장 경영자가 캐디에게 그리고 골퍼가 캐디에게 선물한다면 좋을 것이다. 골퍼들끼리 선물해도 훈훈한 마음을 전할 수 있는 책이다. 이 책 속에 녹아 있는 골프 룰과 에티켓이야말로 골프문화 발전은 물론이고 행복한 골프에 기여할 것이기 때문이다.

그동안 우수한 골프칼럼 기고뿐만 아니라 시각장애인 골프회를 이끄는 등 사회봉사활동에 적극 활동해 온 김덕상 부회장이 쓴 이 책은 또 하나의 의미 있는 사회공헌이라고 생각하며 많은 사람들에게 일독을 권유한다.

윤은기

한국골프칼럼니스트협회 회장

서울과학종합대학원 총장

## 함께 노력하면 더욱 행복한 골프

불합리한 법과 세제 그리고 비싼 건설 비용 등으로 세계에서 가장 골프 비용이 높은 나라 중 하나인 우리나라에서는 고비용 구조 때문인지 골퍼들이 사소한 불만에도 볼멘소리를 많이 하고, 그 불만이 골프장에서 직접 만나는 캐디에게로 쏟아질 때가 많다. 또한 상당수의 골퍼들은 캐디를 골프장의 진행 요원 정도로 그릇된 생각을 하고 있기도 하다.

그래서 오래 전에 골퍼와 캐디의 화목했던 분위기를 요즈음의 1캐디 4백 환경에서는 찾기가 어렵다. 비록 짧은 기간이었지만, 불우이웃돕기 차 직접 캐디를 해 보았는데, 그 이후 나는 1캐디 4백은 기술의 경지를 넘어선 예술이라고 말한다.

그러나 캐디들이 골퍼들에게 맞는 눈높이 서비스를 제공하고 골퍼들의 경기력 향상에 조금 더 전문적인 도움을 줄 수 있다면 바쁜 현대 생활에서 휴식을 위하여 찾아온

그들에게 달고 시원한 약수를 제공해주는 셈이 된다. 또한 골퍼들이 전문직인 캐디들을 사랑으로 감싸며 아름다운 동행을 한다면 골프의 행복지수는 무척 높아질 것이다.

이런 뜻으로 지난 3년간 캐디의 효과적인 실무 서비스 방안을 연구하며 골프 세미나 잡지에 칼럼을 연재하였고 이제 부끄럽지만 책으로 출판하게 되었다. 캐디들이 골퍼들을 잘 이해하고 그들의 서비스를 더욱 전문적으로 향상시키는데 조그만 도움이 되기를 바라면서 열심히 응원하여 주시는 한국골프칼럼니스트협회 윤은기 회장님, 김경식 사무총장님과 협회 회원들 그리고 모든 골프장 경영자, 관계자들의 협조에 깊이 감사 드린다.

2009년 10월

김덕상

# CONTENTS

## 제3코스   아름다운 동행, 매끄러운 진행

# 캐디는 전문가,
## 배워서 남 주자

쉬운 채, 쉬운 길, 쉬운 골프

# 1홀

## 프로는 배워서 남 준다

2006년 초에 생각지도 못하였던 전화 한 통을 받았다. 경기도 이천 솔모로골프장 Y사장으로부터 동절기 휴장시에 캐디들이 골프를 잘 알고, 골퍼들의 심정을 잘 이해하여 보다 수준 높은 서비스를 필드에서 제공할 수 있도록 코스 공략법을 포함한 실전 골프 강의를 부탁한다는 것이었다. Y사장께서는 내가 저술한 〈당신은 이제 골프왕〉 책을 읽어 본 후에 강의를 부탁하게 되었다고 했다.

그때에 나는 캐디 서비스 수준을 높이기 위해 항상 연구하는 '스카이72 골프클럽'의 K사장과 뜻을 같이 하여, 스카이72 골프장 캐디 200여 명을 대상으로 2차에 걸쳐 골프 매니지먼트 교육을 하기로 되어 있었는데, 솔모로골프장 Y사장의 요청을 받고는 이제 우리나라 골프장도 서

서히 고객을 위하는 좋은 방향으로 바뀌어 가기 시작했다는 생각이 들어 기쁘기 짝이 없었다.

세계 일류 기업들은 매출액의 3%까지 연구와 사원들의 자질 개발을 위해 투자한다는 이야기를 들었는데, 한국 골프장의 경우는 직원과 캐디의 친절 교육은 매우 잘하지만 코스 공략법이나 전문가로서의 캐디 서비스 직무 교육은 조금 부족했던 것이 사실이다. 그러다 보니 골프장의 다양한 노력에도 불구하고, 골프장의 서비스가 좋아졌다고 말하는 골퍼들은 많지 않았다.

그 동안 캐디 교육은 공손히 말하는 법, 인사 잘하는 법, 예쁘게 화장하고 웃는 법같이 스튜어디스나, 백화점 근무자와 비슷한 친절 교육만 많이 해 왔다고 해도 과언이 아니다. 특히 최근 고가 회원권의 자칭 명문 골프장의 경우에는 조금 더 고학력과 미모의 캐디를 뽑아서 일반 골프장보다 캐디피 1~2만원을 더 내게 하는 경우도 있는데, 체면상 드러내놓고 말은 못하지만 서비스 실력 차이가 나지 않는 캐디에게 돈을 더 내는 것에 불만을 가지는 골퍼들이 의외로 많다.

그래서 지난 3년간 이런 뜻으로 〈골프세미나〉 잡지에 베스트 캐디 수첩 칼럼을 썼고 이제 단행본 책으로 출판하여 그 내용들을 소개하고자 한다. 이 내용이 비록 부족한 점은 많지만, 좋은 뜻으로 이해하고 향후 캐디들이 골퍼들에게 더 나은 서비스를 제공하는데 조금이라도 참고가 되길 바란다.

### > 성숙한 골퍼를 만드는 성숙한 캐디

콩 심은 데 콩 나고, 심은 대로 거두고, 주는 대로 받는 것이 인생의 법칙이다. 쓰레기 집어넣고 명품 나오길 바랄 수 있을까? 내가 틱틱거리는데 상대가 날 존중할까? 캐디가 대접을 받고 싶으면 먼저 골퍼들을 존중해야 한다. 캐디가 얼마나 힘든 일인지는 나도 실제로 캐디를 해 보아서 잘 안다. 1캐디 4백으로 좋은 서비스를 제공한다는 것은 기술을 넘어서는 예술이라고 칭찬하고 싶다. 특히 네 명의 골퍼가 좌탄우탄 마구 날릴 때면, 정신이 하나도 없다. 세계적으로 재능을 인정받는 한국 여자들이기 때문에 1캐디 4백 시스템이 가능한 것인지도 모른다(남자 캐디들은 상처받지 않기를 바란다).

그러나 열심히 하는 데도 때로는 골퍼로부터 상처받고 눈물도 흘리게 된다. 그렇게 눈물이 날 때에는 '큰 사람이 되라고 하늘이 시련을 주신다'라고 생각하라. 한국 남자

40~50대가 세계에서 가장 사망률이 높다는 것은 잘 알려져 있는 사실인데, 바로 그들이 내 아버지, 삼촌, 오빠라고 생각하고 정성껏 서브하라. 특히 봉급쟁이 골퍼들은 어려운 직장 환경 속에서 설움을 많이 받고 사는 데 이따금 골프장에 와서 눈물과 한숨을 삭히며 기쁨을 맛본다. 그들이 고객이고, 고객은 왕이다. 그러니 골퍼들에게 적극적으로 행복을 나누어 주라. 내가 행복을 나누는 성숙한 캐디가 되면 골퍼들도 성숙해지고 그것이 선순환된다.

한국 속담에 매우 고약한 것이 하나 있는데 '배워서 남 주냐?'이다. 학교 교사뿐 아니라 서비스를 하는 사람은 모름지기 배워서 남 줘야 한다. 솔직히 캐디가 예쁘고 친절하면 좋다. 그러나 그것은 처음 한두 홀 정도 기쁜 것에 지나지 않는다. 만약에 실력과 정성 있는 캐디를 만나면 4~5시간 라운드 내내 즐겁게 된다.

행복은 성적 순이 아니라는 말이 있지만, 골프장에서는 누가 뭐라 해도 행복은 스코어 순이다. 만약 초·중급자에게 코스 매니지먼트를 잘 안내하여 좋은 스코어라도 기록하게 되면 평생 고마워하며 잊지 못한다. 골프에서는 룰 적용을 잘 못해서 흐름이 끊기는 경우도 많다. 골프 이론이든 룰이든 코스 공략법이든 부지런히 배워야 한다. 그리고 그 배운 것을 남 줘야(골퍼에게 제공해야) 한다. 옛날과는 달리 요즈음은 인터넷, 잡지, 책 등에 엄청난 정보가 있다. 열심히 공부하라. 그래서 내가 맡은 분야에서 단연 돋보이는 1인자가 되라.

> 프로 정신을 키우자

KPGA, KLPGA 시합을 보면 가끔 하우스 캐디를 고정 동반하는 것을 본다. 그 골프장에서 그린의 라이를 가장 잘 읽는다거나, 설계자보다 더 정확히 야디지 파악을 하고 있는 캐디가 진정한 프로다. 2005년 말 나인브릿지에서 열렸던 LPGA 시합에서는 하우스 캐디를 동반한 이지영 선수가 우승을 했다. 토너먼트에 프로 캐디로 뽑혀 나갈 수 있도록 노력해야 진정한 전문가가 된다.

뜻이 있는 곳에 길이 있다. 캐디 생활을 거쳐 프로가 되어 국위를 선양하는 구옥희 선수가 얼마나 사랑과 존경을 받는가? 자기 일에 최선을 다하는 이런 프로 정신이야 말로 아름다운 것이다. 한국골프칼럼니스트협회에서는 존경받는 구옥희 선수를 제1회 수상자로 결정했다.

2 홀

# 베스트 캐디의 베스트 매너 1

짧은 기간 골프장 사장으로 일한 적이 있는데, 그때부터 늘 눈여겨보니, 골프를 칠 줄 아는 캐디가 역시 골퍼의 마음을 잘 헤아리고 또 캐디로서의 능력도 더 좋다는 것을 알게 되었다. 왜 그럴까? 왜 골프를 치는 캐디의 서비스가 더 좋은 것일까? 단순히 골프에 대한 애정 때문일까? 아니면 그들이 라운드 중 조언을 잘 해서 그럴까?

그것에 대한 나의 생각을 정리해 보면, 그들이 골퍼들의 심리 상태를 잘 이해하기 때문이다.

필드에서 라운드 중 좋은 결과를 내기 위한 골퍼들의 심리 상태는 대체로 다음과 같다.

- 주의 집중을 잘 한다.
- 즐겁고 낙관적이다.
- 불안하지 않고 정신적으로 평온하다.
- 신체적으로 긴장 이완이 잘 되어 있다.
- 자신감이 있다.
- 자기 조절을 잘 한다.

좋은 캐디들은 대체로 위와 같은 사항들을 염두에 두고 그렇게 되도록 골퍼들을 도와준다.

골프장에서 캐디들에게 교육을 할 때에 내가 강조하는 것이 있다. 사실 캐디 1명이 6~7분 간격 진행으로 골퍼 네 명을 서브하는 것은 앞서 얘기했다시피 기술의 경지를 넘은 예술 수준이다. 그들의 애로를 해결하기 위해 알려 준 첫 번째 지혜가 '싱글 핸디캐퍼를 잡아라'였다.

볼 잘 치는 싱글 핸디캐퍼를 캐디 조수(?)로 임명하면 진행에 큰 도움이 된다. 고수들은 통상 캐디의 도움을 필요로 하지 않는다. 그린에서도 볼을 놓아 줄 필요가 없다. 그들은 오직 쾌적한 가운데 주의 집중을 잘 할 수만 있게 해 주면 거꾸로 캐디의 일을 적극적으로 잘 도와준다. 그래서 1캐디 4백이 2캐디 3백으로 바뀌는 셈이니 일이 훨씬 수월해진다.

골퍼들이 주의 집중을 잘 하게 도와주려면, 캐디들도 지켜야 할 매너가 있다.

### ⟩ 골프의 생명선, 넘지 말아야 할 선

도로에는 넘어서 안 될 중앙선이 있다. 곧 생명선이다. 이 세상 모든 일에도 그렇고 남녀관계에도 지켜야 할 선이 있듯 골프에도 그런 게 있다.

바로 플레이의 선Line of play, 퍼트의 선Line of putt이다.

플레이의 선은 볼이 가기를 원하는 방향과 그 방향 앞뒤의 적절한 거리도 포함한다. 플레이 선상을 침범하여 지장을 주는 것은 많은 실수를 일으켜 타수를 늘리고 시간도 끌게 하는 나쁜 매너이다. 싱글 핸디캐퍼들이 가장 기피하는 동반자가 퍼트의 선을 침범하는 동반자이고 그들이 가장 싫어하는 캐디가 숏퍼트할 때 앞에서 왔다 갔다 하는 캐디라고 한다.

### ⟩ 위치의 미학. 동선과 서 있는 곳을 잘 지키자

바다에도 하늘에도 길이 있듯이 골프장에도 길이 있

다. 과거 거실이나 안방에서 어른 앞으로 지나가는 것은 예의에 어긋나는 일이었다. 절대로 플레이어와 볼 사이로 지나가면 안 된다. 프리샷 루틴Pre-shot Routine이 깨질 수 있기 때문이다. 특히 그린 주변 어프로치를 위해 어드레스에 들어갔을 때 캐디들의 부주의로 이런 실수가 자주 나온다. 성숙한 골프 매너는 골퍼들에게만 요구할 것이 아니고, 먼저 캐디들이 솔선수범하여야 한다. 본의 아니게 실수했다면 즉시 사과를 함으로써 골퍼의 불편한 마음을 바로 풀어 주어야 한다.

> **그린과 그 주변에서의 특별한 에티켓**

200~300평 밖에 안 되는 좁은 그린에서 스코어의 43%가 나온다. 인구 밀도가 갑자기 높아진 곳이니까 골퍼들끼리 부딪히고 복잡하다. 퍼트의 선을 잘 비워주고, 어드레스 들어갔을 때 소리내지 말고, 짧은 퍼트를 남긴 경우 가까운 곳의 볼은 모두 치워준다. 조금 바쁘다는 이유로 숏퍼트를 하는데 홀 맞은편에서 볼을 놓고 있는 장면을 보면 참 안타깝다.

그리고 파 3홀에서 싸인을 준 앞팀이 퍼팅을 마칠 때까지는 설사 마음이 급해도 캐디 자신도 골퍼도 모두 플

레이 중인 그린에 들어가지 말아야 한다. 앞팀의 플레이가 끝날 때까지 그 그린은 앞팀의 안방이요, 침실 같은 불가침의 장소이다. 앞팀에게 그런 대접을 해 주어야 뒤팀으로부터 똑같은 대접을 받을 수 있다. 또한 퍼트할 때 가능하면 볼은 골퍼가 직접 놓도록 유도해야 허겁지겁 시간에 쫓기지 않는 서비스를 할 수 있다.

## 3홀

# 베스트 캐디의 베스트 매너 2

얼마 전에 캐디 10년차 J양과 캐디코치 실습을 위해 스카이72 골프클럽에서 9홀 연습라운드를 가진 적이 있다. 그때 마침 그녀를 알아보고 인사를 한 프로선수가 있어서 그에게 물어보았더니, J양이 골프를 잘 치며 또 잘 이해하고 플레이어들을 편안하게 해 주는 능력 있는 캐디라고 했다. 나는 J양이 최근에 새내기인 K프로의 캐디가 되어 매경오픈을 비롯하여 몇 개의 토너먼트에 전문 캐디로 참가할 것이라는 신문 기사를 보았다. 내가 보기에도 차별화된 전문가 냄새가 솔솔 풍겼던 J양이야말로 많은 캐디들의 좋은 벤치마킹 모델이라고 본다.

무엇이 베스트 캐디가 가져야 할 차별화된 서비스인가? 그녀와의 짧은 라운드였지만 이런저런 대화를 통해 또 그녀를 지켜보면서 베스트 캐디가 되려면 이렇게 해야 될 것이라고 생각해 정리를 해 보았다.

### ᐳ 플레이어에게 자신감을 심어 준다

베스트 캐디는 골프를 잘 알아야 한다. 본인이 골프를 칠 줄 안다면 더욱 좋다. 그래야 골퍼들이 어떻게 플레이 해야 좋은 결과를 이룰지도 알게 된다. 코스 공략법에 대한 이해도 있어야 하고, 그린의 경사도 잘 읽어야 한다. 그러면 경기에 도움을 받는 골퍼들에게 신뢰감을 준다. 따라서 실력 있는 캐디의 조언을 받는 골퍼들은 일단 안심하고 샷이나 퍼팅에 임하게 되므로, 자신감을 얻게 되는 셈이다.

모든 샷이나 퍼팅은 자신감이 성공의 절반이라고 해도 과언이 아니다. 실제 라운드에서 골퍼들이 코스 매니지먼트를 잘 하는 경우 자기 핸디캡의 20~30%는 줄일 수 있다는 것이 전문가들의 의견인데, 좋은 캐디는 효과적인 공략법을 조언하며 긍정적인 자신감을 불어 넣어서 타수를 줄이는 데 크게 기여한다.

아무리 골프장이 최근에 많이 생겼어도 약 300만 명으로 추산되는 골퍼 인구에, 250여 개의 개장된 골프장 수는 아직 턱없이 부족하다. 그런 분위기에서 오랫동안 플레이를 해 온 우리나라 골퍼들은 고객이라고 하기에 무색할 정도로 골프장의 눈치를 보면서 지내왔다. 당연히 6~7분 간격으로 앞뒤 팀 눈치를 보면서, 잘못하면 동반한 캐디에게 벌당시킨다는 중압감에 시달리니 정신적으로 불안하고, 특히 초보자들이나 예민한 골퍼들은 마음만 급해서 허둥대기 일쑤이다. 그 결과 캐디들의 진행 발언에 무척 민감해지고 때로는 "치세요" 같은 명령조 부탁에 심한 거부 반응을 느껴 경기 리듬을 잃기도 한다.

좋은 캐디는 결코 재촉하는 모습을 보이지 않으면서도 신속하고 매끄러운 진행을 해야 한다. '빨리빨리'를 재촉하였지만 골퍼들이 마음만 급해서 헛발질하듯 실수를 많이 하고 벙커나 해저드에 자주 빠져서 망치게 된다면 모두가 함께 패배자가 되는 셈이다. 골프는 편안하게 플레이할 때 심리적으로 안정되며 좋은 결과가 나온다.

> 즐겁고 긍정적인 분위기를 유도한다

현대의 모든 기업체는 '불량품 없는 서비스를 제공하자'는 무결점 운동Zero Defect Management를 펼치고 있다. 나는 캐디가 도우미로서 보조하는 개념에서 골퍼를 잘 섬겨 주는 '섬김이'로 변화되어 서비스하는 것이 진정한 캐디의 무결점운동이라고 믿는다. 많은 사람들이 인생도, 골프도 죽고 사는 것이 혀의 권세에 달렸다고 말한다. 칭찬은 고래도 춤추게 한다는 말이 있는데 캐디의 긍정적인 말이나 조언은 골퍼를 즐겁고 낙관적으로 만들어 주며 덤으로 좋은 흐름을 살려 주기도 한다.

나는 과거 라이프 베스트 스코어를 기록하던 날 마지막 홀 티잉그라운드에서 다소 실망스러운 표정을 하고 있었다. 그런 나에게 "아직도 버디하실 수 있습니다. 포기하지 마세요"라는 격려로 사기를 진작시켜 끝내 베스트 스코어를 치도록 만들어 준 고마운 캐디를 잊을 수 없다. 시도 때도 없이 외쳐대는 영양가 없는 "굿샷" 소리보다는, 오히려 조용히 건네는 격려 한 마디가 골퍼들을 행복하게 만들어 준다.

# 캐디의 코스 매니지먼트 : 파 3홀

얼마 전 열렸던 전국 캐디골프대회에서 메달리스트가 78타였다는 뉴스를 들었다. 대회장 C골프클럽은 양잔디의 골프장으로 언듈레이션이 심해 그리 점수가 잘 나오지 않는 곳인데 레이디 티도 아니고 레귤러 티에 가까운 티잉그라운드에서 열린 시합이라고 하니 매우 좋은 성적이다. 또 참가자의 10% 이상이 80대 타수를 기록하였다니 캐디들의 골프 실력도 만만치 않은 것이 분명하다. 사실 모든 캐디가 골프를 잘 칠 필요는 없다. 그러나 그들이 코스 매니지먼트를 잘 알고 조언한다면 골퍼들에게는 상당히 큰 도움이 될 것이고, 좋은 성적을 이룬 골퍼들에게는 행복을 선물한 고마운 캐디가 되는 셈이다.

프로에게는 정말 어렵지만, 아마추어에게는 한 번의

굿샷으로도 파를 할 수 있는 중요한 홀이고, 이곳에서 흐름을 잘 타야 좋은 결과가 나올 수 있다. 그런데 왜 수많은 아마추어 골퍼들이 파 3홀에서 쉽게 허물어질까? 그 중요한 원인은 게임플랜이 부실하기 때문이다. 대개 아마추어들은 무조건 핀을 향해 "돌격 앞으로!"를 외친다. 마치 불을 보고 덤벼드는 불나방같다. 그래서 현명한 캐디라면 다음과 같이 골퍼들에게 조언해 줄 것을 권한다.

### > 항상 티업Tee up한다

2년 전에 미셸 위가 한국에 와서 경기를 할 때 파 3홀에서 그녀는 샌드웨지로 티잉그라운드를 조금 쳐서 볼록하게 튀어나오게 한 다음 그곳에 티업을 했다. 또한 노장로라 데이비스도 티를 꽂지 않고 플레이를 하지만 이런 것들은 아마추어에게는 백해무익한 행위다. 파 3홀에서는 무조건 티에 놓고 치는 것이 유리하다. 특히 동절기나 저급 골프장에서 자주 이용하는 인조 매트에서는 항상 티를 써야 한다. 임팩트 후 바닥면의 저항 때문에 샷이 밀린다거나 실수를 유발할 수 있기 때문이다. 대체로 롱/미들 아이언의 경우 숏 아이언보다 다소 티를 높게 티업하는 것이 좋다.

### > 긴 클럽으로 깃발 높이Pin High의 볼을 친다

아마추어의 90%는 티샷을 짧게 친다. 대체로 자기가 가장 잘 맞았을 때의 거리를 기준으로 클럽을 선택하는 성향을 보인다. 실제로 파 3홀에서 모든 해저드는 대개 전진 배치되어 있다. 그래서 넉넉히 치는 것이 좋고, 설사 핀을 지나쳐도 그린의 경사가 심하지 않는 한 그리 큰 문제는 없다. 클럽을 한 클럽 길게 잡고 핀을 지나치게 친다는 개념으로 티샷을 하면 온그린의 확률이 상당히 높아진다. 어렸을 적 초등학교 운동회 때에 장대 끝에 달린 바구니에 공 넣기를 연상해 깃발을 맞춘다는 생각을 하면, 설사 실수를 하더라도 지나치게 짧아서 험악한 벙커나 워터해저드에 빠지는 일은 현격하게 줄일 수 있다.

### > 안전지대를 파악하고 그곳으로 샷을 한다

내가 강의를 할 때마다 써먹는 단골 메뉴가 있다. '천하의 잭 니클러스가 전성기 때에도 토너먼트에서 깃발을 향해 볼을 친 적이 없다. 그는 언제나 그린 중앙이나 첫 퍼팅이 용이한 안전지대를 향하여 티샷을 하였다'는 것이다. 아마추어가 5번 아이언으로 10번 중 5번, 7번 아이언으로 10번 중 7번을 온그린시킨다면 그는 이미 한 손 싱글 핸디캐퍼(5이하)임이 틀림없다. 핀의 위치는 다양할 수 있지만, 대한민국의 어떤 그린도 일단 중앙을 확보한다면 보기 플레이어도 쉽게 파를 잡을 수 있다. 핀이 좌측이나 우측 가장자리에 있을 때 무리하게 핀을 노리다가 바깥쪽으로 빠지게 되면 엣지에서 핀까지의 좁은 간격 때문에 고수들도 파를 세이브하기가 여간 어렵지 않다. 그래서 그린의 중앙을 겨냥할 것을 권하지만, 그것이 여의치 않을 때에는 온그린 안 되더라도 위험 없이 어프로치할 수 있는 평평한 안전지역을 택하는 것이 현명하다.

### > 레이업Lay-up은 파 3홀에서도 할 수 있다

파 3홀 중 통상 1~2개는 매우 어렵게 설계되어 있다. 거리가 길고 벙커가 아주 깊거나, 또는 위협적인 해저드가 있는 경우라면 자신의 실력 범위 내에서 보기를 목표로 안전하게 잘라 치기를 하는 것도 현명한 공략 방안이다. 자신 있는 쉬운 클럽으로 그린 근처에 가져다 놓고 쉬운 어프로치를 한다면 의외로 파가 축복으로 찾아오기도 한다. 반면 깊은 벙커에 직접 떨어져 박혀 에그 후라이라도 된다면 중급자들의 경우 순식간에 더블 또는 트리플보기까지 할 위험이 있는 홀이다.

# 캐디의 코스 매니지먼트 : 파 5홀

얼마 전 곤지암 신흥 명문 R골프장에 특강을 다녀온 적이 있다. 그 며칠 전에 라운드 소감을 사장님과 나눈 적이 있었는데, 전격적으로 나의 특강을 요청해서 기쁜 마음으로 캐디 직무 특강을 했다. R클럽의 캐디들은 좋은 학벌과 친절한 미인들로 유명한데, S사장은 캐디들이 골퍼들의 심리상태를 잘 파악하고 직무 능력 수준을 높여서, 친절과 전문 실력을 함께 갖춘 최고의 서비스를 제공하도록 독려하고 교육을 시킨다. 단순한 친절 교육에 그치는 타 골프장과는 고객만족도에서 크게 차별화되어 골퍼의 한 사람으로서 고맙게 생각한다.

아마추어들이나 특히 초급자에게는 파 5홀이 멀고도 험한 길이지만, 프로 선수나 싱글핸디 같은 고수들에게는 가장 플레이하기 편한 곳이 바로 파 5홀이다. 타이거 우즈는 파 5홀에서 53%가 버디이지만, 파 3홀에서는 15% 밖에 되지 않는다. 프로들이나 싱글 핸디캐퍼들이 파 5홀에서 좋은 성적을 내지 못하면 그 라운드는 물건너간 것으로 봐야 한다. 반면 초보자들은 이곳에서 쉽게 허물어진다. 망가지더라도 파 3홀에서는 그나마 충격이 덜하지만, 파 5홀에서 더블파라도 치면 그 충격은 거의 회생 불능이다. 따라서 캐디의 서비스는 파 5홀에서 더욱 그 중요성이 강조된다.

베스트 캐디라면 그린부터 거꾸로 공략 방법을 제시하도록 한다. 골퍼들이 전체의 거리가 얼마인지를 파악하고, 또 해저드나 위험지역을 살핀 후에 편안한 마음으로 공략할 수 있도록 조언하는 것이 필요하다.

첫 퍼팅 지점까지 어느 클럽으로 얼만큼 써드샷할 것인가를 결정토록 한다. 그리고 가장 중요한 선택인 세컨샷 결정은 그 전략에 맞게 권한다.

한국의 베스트10 코스에 뽑힌 곤지암 N클럽에서 원로 M프로와 라운드를 할 때, 4년차 캐디인 C양은 나에게 코스 매니지먼트를 가르쳐 달라고 부탁하면서 많은 질문을 했다. C양은 442미터로 아일랜드 그린인 서코스 8번 홀에서 나의 플레이를 유심히 살펴보았고 고개를 끄덕였다. 홀은 벙커 바로 뒤편에 있었고, 페어웨이가 거의 끝나는 지점은 홀에서 약 60미터였다. 나의 티샷은 약 230미터 페어웨이 중앙에 떨어졌는데, 내 실력으로 210미터가 넘는 그곳에서 아일랜드 그린에 투온 시도는 무모한 것이라 포기했다. 써드샷을 피칭웨지 풀스윙으로 하기 위해 90미터 전후를 남기기로 하고 9번 아이언으로 편하게 세컨샷을 했다.

동반자였던 C사장은 세컨샷을 60미터 지역으로 쏘았다. 그 후 C사장은 웨지 컨트롤샷을 하였는데, 런 발생이 불가피하므로 벙커를 피하기 위해 다소 길게 칠 수밖에 없었다. 반면 피칭웨지 풀스윙을 한 나는 볼이 런이 없어서 핀 근처에 바로 세울 수 있었다.

거리 욕심 때문에 어깨나 근육에 힘이 들어가지 않게 한다.
공격과 수비를 명확히 구별하도록 유도한다.

골프는 정신과 근육이 긴장되지 않은 상태에서 편안

하게 샷을 해야 일관성이 좋아지는데, 많은 골퍼들은 파 5홀에서의 티샷을 멀리 보내려고 안간힘을 쓴다. 앞서 이야기한 대로 써드샷을 하기 위한 지점을 정하고, 그곳으로 세컨샷을 안전하고 편하게 보낼 수 있는 지점으로 티샷을 하도록 권하는 것이 좋다. 초보자나 노약자들의 경우에는 방향성을 확보하기 위해 드라이버 대신에 3번 우드같이 마음 편한 채로 치는 것도 권장할 만한 사항이다.

대개의 경우 파 5홀 4개 중에서 1~2개는 상당히 도전적으로 어렵고, 1~2개는 무난하며, 1개 정도는 비교적 쉽게 구성되어 있다. 애버리지 골퍼에게는 처음부터 그 난

이도에 따라 용감하게 공격적으로 도전할 것인가, 아니면 차분하게 수비형으로 할 것인가를 선택하고 그 작전대로 공수를 구분토록 유도하는 것이 베스트 캐디의 현명한 코치 전략이다.

# 골프카 정류장을 아십니까?

요즈음 많은 골프장들이 골프카를 도입하고 있다. 산악지형을 깎아 만든 신설 골프장은 물론, 평지에 만들어 놓은 기존 골프장마저도 서둘러 골프카를 도입하는 것이 유행이다. 캐디들이 걷는 골프장을 기피한다는 이유를 대기도 하지만, 실상은 골퍼들로부터 받는 골프카 비용이 짭짤해서 투자 비용을 일찍 회수할 수 있다는 이점이 크기 때문이라고 많은 골퍼들은 생각하고 있다.

물론 진행에 도움이 되니 덜 밀리고 또 한 팀이라도 더 치게 할 수 있는 순기능도 많다. 그렇다면 값비싼 골프카 사용료를 받는 대신 골퍼들을 위해 운전하는 캐디들에게 주차 요령이라도 확실히 교육을 시켜 주었으면 좋겠다. 골프카는 도로 위를 다니는 일반 차량과는 다르지 않은가? 똑바로 몰고, 안전한 곳에 주차한다고 해서 능사는 아니다.

> 티잉그라운드에서

여주 모골프장에 갔을 때의 에피소드이다. 6번 홀은 한국에서 가장 길다고 소문이 난 파 5홀인데 티잉그라운드 바로 뒤로 골프카트 레일이 깔려 있었다. 그늘집 다음 홀이라 휴식으로 흐름이 다소 끊긴 상태에서 거리가 600야드가 넘는 홀이다 보니 어깨에 잔뜩 힘이 들어간 골퍼들은 그곳에서 부지기수로 실수를 많이 하게 된다.

그런데 상당한 부분은 카트를 잘못 세워서 플레이의 선이 동반자들로부터 침범당하면서 일어난다. 카트를 세우려면 티 구역을 확실히 피해서 세워야 하는데 많은 캐디들이 부주의로 티 구역 뒤에 차를 세워 놓으니, 골퍼들이 티샷을 할 때면 바로 뒤에 동반자들이 모여 서 있게 되어 플레이의 선을 침범하여 방해가 되는 것이었다. 집중을 해야 할 곳에서 집중을 방해하였으니 이쯤 되면 도우미가 해치미로 바뀌어 버린 것이나 다름 없다. 티잉그라운드에서는 플레이의 선 보호를 위해 카트나 골프카를 세우는 위치에 특별히 더 신경을 써야 한다.

R클럽 밸리코스 8번 홀은 티잉그라운드에 야디지가 표시되어 있을 뿐, 로컬룰로 캐디가 전혀 조언을 하지 않는 이른바 "묻지 마" "혼자서도 잘 해요" 홀이다. 그린이 아주 높은 곳에 위치하여 세컨샷의 거리 파악이 용이하지 않다. 또한 그린 위로는 하늘만 보이므로 심리적으로 불안해서 세컨샷을 길게 치기가 어렵다. 그런 이유로 많은 골퍼들이 세컨샷을 짧게 하고, 따라서 그린 에지로부터 20~30야드의 지점에서 오르막 써드샷을 하게 되는 경우가 대부분이다. 그곳에서 처음 플레이를 하였던 나도 세컨샷이 짧아서 홀까지 25야드의 어프로치를 하게 되었다. 그린 앞 30야드 지점에서 나를 내려주려고 하였던 캐디에게 그린까지 가자고 하였더니 의아해하는 표정을 지었다. 입사 2년차라고 한 L양은 아주 친절한 캐디였지만, 왜 그린까지 올라가자고 했는지 그 이유를 정확히 알지 못하는 것 같았다.

그래서 내가 설명해 주었다.

"어프로치를 할 때 중요한 것은 착지 지점의 선정입니다. 내가 한 어프로치가 얼마를 날아서 어디에 떨어지고 또 어느 쪽으로 얼마나 구를 것인가를 파악하는 것이 성공의 관건이기 때문이지요. 오르막을 걸어 올라오면서 착지 지점을 선정하지 못하고 대충 친 어프로치와, 착지 지점을 결정하고 볼 있는 곳으로 천천히 내려가면서 마음을 차분히 다지고 치는 어프로치와는 성공 확률이 엄청나게 달라집니다. 볼은 대체로 마지막 시선이 머문 곳으로 날아가기 때문에 전체 그린의 경사를 파악하고 착지 지점을 정하도록 가이드하는 것이 베스트 캐디의 노하우이지요."

이 원리는 페어웨이에서도 마찬가지이다. 실력 있는 캐디라면 플레이어에게 다음 샷을 위한 좋은 정보 제공을 위해 목표점에 조금 더 가까이 가거나, 또는 더 시야가 좋은 곳에서 표적을 바라볼 수 있도록 골프카를 몰아서 골퍼들이 최선의 준비를 할 수 있도록 해야 한다.

7홀

# 명문은 콩쥐 캐디 마스터가 만든다

'콩 심은 데 콩 나고 팥 심은 데 팥 난다'는 속담이 있다. 팥쥐 마스터가 콩쥐 캐디를 만들 수 있는지는 몰라도, 팥쥐 마스터는 절대 콩쥐 고객을 만들지는 못한다. 일반적으로 아마추어 골퍼들은 골프장의 하드웨어보다 소프트웨어 부분에서 많은 감동을 받는다고 말한다. 이 이야기는 프로나 아주 특별한 골프 마니아가 아니라면 골프장의 레이아웃이나 샷 밸류보다 오히려 좋은 캐디 서비스와 정성어린 태도에 더욱 좋은 인상을 받는다는 뜻이다.

얼마 전 춘천의 신흥명문 제이드 팰리스 골프장에서 라운드했다. 나는 모 잡지의 베스트10 코스 심사위원이라 처음 가는 골프장에는 항상 일찍 가서 자료 수집차 지배인이나 경기과 직원들에게 그 코스의 특징과 상징적인 홀

몇 개에 대해 미리 설명을 들으려고 노력한다. 그날은 이른 아침 시간이라 지배인이나 경기과 간부는 없었기에 혹시 하는 마음으로 캐디 마스터에게 물었다. 캐디 마스터는 잠깐 기다려 달라고 예의를 표한 후에, 코스 안내책자 Stroke Saver와 6개 홀의 설명을 적은 2페이지의 자료를 찾아서 나에게 전해 주었다. 파 3, 파 4, 파 5홀 별로 두 홀씩을 추천 소개하는 자료였다. 나는 그 이른 새벽 시간에 그런 자료를 고객에게 제공할 정도로 준비된 캐디 마스터에게 감동을 느끼지 않을 수 없었다.

티오프 전에 좋은 인상을 받아서였는지, 동반하였던 캐디 O양도 아주 친절하고 성의가 있었다. 나는 더더욱 기분이 좋아져서 캐디에게 협조할 수 있는 모든 도움을 다 주려고 노력하였고, 이는 원원의 좋은 분위기를 연출하게 되었다. 한 홀에서 동반자가 계속 되는 실수와 깊은 러프에 빠진 볼을 찾느라고 시간이 다소 지연되었을 때 그가 미안한 마음으로 서두르자, 캐디 O양은 오히려 여유 있게 플레이하도록 안내하는 것을 보고 '콩쥐 마스터가 콩쥐 캐디를 만드는구나'하는 생각과 '골프장 명성은 캐디 마스터하기 나름'이라는 생각이 들었다.

마지막 홀에서 티샷이 훅으로 감겨 왼쪽 벙커에 빠졌

다. 벙커 턱이 높고 아일랜드성 그린이라 크리크 앞까지 레이업을 했다. 샷을 마치고 고무래로 벙커를 손질했는데 고무래 손잡이에 문제가 있었는지 오른손 검지의 둘째 마디 쪽에서 살점이 조금 떨어졌다. 캐디가 준비한 일회용 밴드를 붙이고 홀아웃하였는데, 골프장을 떠날 때까지 두 차례나 "괜찮으세요?"라고 묻는 말을 듣고 '이 골프장은 정말로 고객을 정성껏 모실 줄 아는구나'하고 느꼈다. 더구나 차 시동을 걸고 떠날 때 잘 얼린 생수 한 병을 선물 받고 속이 얼마나 시원했는지 모른다. 집으로 돌아오는 길에 '이 골프장이 앞으로 많이 사랑받는 진정한 명문클럽이 되었으면 좋겠다'고 축원했다. 생각할수록 고객을 아끼는 캐디 마스터가 콩쥐처럼 느껴졌다.

K요식업체 윤사장은 사교적이고 시원시원한 성격의 티칭 프로이다. 그가 얼마 전 입문한 초보 골퍼 후배를 데리고 대중골프장에서 평일 오전에 라운드했다. 동반자 셋은 상급자이지만, 초보자 후배가 초반에 경기를 다소 지연시켰다. 볼이 제대로 뜨지 못하자 주눅이 들까 봐 첫 몇 홀은 아무 말도 하지 않았는데, 3번 홀을 마치면서 "앞팀을 놓치고 있으니 빨리 진행합시다. 그늘집은 그냥 통과해야 하겠오"라고 이야기하고 4번 파 3홀에 이르자, 앞팀

은 조금 전에 홀아웃하고 5번 홀 티잉그라운드로 이동을
했다. 7분 티오프이니 약 3분 가량 늦었구나 싶어 다소
미안하게 생각하고 있었는데, 티잉그라운드 옆에 서 있던
캐디 마스터가 모두 다 들을 수 있는 소리로 "이렇게 하
면 20분 늦습니다"라고 말하자 무척 열을 받게 되었다.
설사 많이 늦었다 하더라도 캐디를 불러서 조용히 이야기
하거나 또는 무전기를 통해서 진행을 독려해야 하는데,
고객이 들으라고 직격탄을 쏘는 것이 아무리 대중골프장
이지만 너무 무례하다는 생각이 들어 18홀 내내 기분이
언짢았다고 했다.

보통 골프장에서는 진행 요원이 나타나서 슬며시 한 번 보고 감으로써 골퍼들에게 지연되고 있음을 알리고 스스로 빨리 하도록 유도한다. 그 대중골프장의 캐디 마스터 업무 범위가 어디까지인지는 모르지만, 진행이 늦다고 고객들에게 직격탄을 날리는 것은 골프장을 위한 것같이 보이지만, 고객들과 회사 이미지에 심한 상처를 주는 팥쥐 마스터의 어리석은 행동이다. 윤사장은 골프장 밖에 나와 점심을 먹으면서 한 마디 했다.

"오늘 그린피는 되게 아깝네."

# 캐디는 전문가, 아는 것이 힘

"예쁜 캐디를 만나면 시작이 즐겁고, 친절한 캐디를 만나면 하루가 즐겁다. 그러나 실력 있는 캐디를 만나면 두고두고 즐겁다"라고 많은 골퍼들은 이야기한다.

실제로 코스가 좋아서 무척 기뻤다, 라고 이야기하는 골퍼보다 캐디가 잘해서 기분이 좋았다는 골퍼가 많은 것은 소프트웨어가 고객 서비스에 무척 중요함을 잘 보여주는 예이다.

요즈음 회원권 값이 고가인 신흥 소수 회원제 골프장들은 학력이 높으면서 인물이 좋고, 다른 골프장에서 근무한 적이 없는 신참 캐디들을 채용하여 교육을 시키는 추세인 것 같다. 그러다 보니 미인이면서 친절한 캐디를 만나기는 그리 어렵지 않으나, 골퍼들의 심리와 골프의 원리를 잘 이해하는 실력 있는 캐디를 만나기란 쉽지 않은 게 현실이다. '캐디에게 너무 많은 것을 기대하지 말라'고 이야기할 수도 있겠지만, 캐디의 조언 하나 또는 실수 하나가 경기의 흐름을 크게 좌우할 수 있으니 참 중요한 것이 아닐까?

> ### 백스핀Back Spin과 사이드스핀Side Spin의
> ### 상관 관계와 중요한 원리를 이해하자

### 1. 로프트

숏 아이언은 똑바로 가는 데 왜 롱 아이언은 옆으로 잘 샐까?

왜 3번 우드가 드라이버보다 방향성이 좋을까?

왜 노약자나 초보자는 3번 우드가 드라이버보다 더 멀리 갈까?

왜 웨지는 미들 아이언보다 그린에서 잘 설까?

이런 의문을 갖는 골퍼와 캐디들이 많을 것이다.

정답은 More Back spin, Less Side spin의 원리, 즉 백스핀이 많으면 옆으로 덜 돌기에 대체로 방향성이 더 좋아지는 법이다. 그래서 노약자나 여성들은 힘이 센 남

성보다 더 잘 뜨는 채를 써야 거리와 방향성이 나아질 수 있다(예 : 로프트 12도의 드라이버 또는 15도 스푼이 10도 드라이버보다 안전하다).

현명한 캐디라면 중·하급자 아마 골퍼들이 어려운 클럽을 택하고 고생하게 방치할 것이 아니라, 쉽고 잘 뜨는 채를 선택하도록 슬기롭게 가이드하는 것이 좋다. 그래야 방향성이 좋고 골프가 즐거워진다. 골퍼들이 실수를 한 후, 샷할 때에는 특히 쉽고 잘 뜨는 채를 위주로 플레이하여 경기의 흐름을 살리도록 해 주는 것이 전문가의 방법임을 새겨 두자.

오래 전에 커티스 스트레인지 선수가 US Open에서 우승을 할 때, 아마추어가 쓰는 로프트인 10.5도 드라이버를 쓰기도 했고, 왕년에 닉 팔도 선수가 브리티시 오픈에서 우승을 할 때 2번 우드를 많이 썼던 것도 방향성 확보를 위해서였다.

## 2. 라이

클럽페이스가 1도 정도 열릴 때, 9번으로 115야드를 치는 골퍼라면 대략 5피트가 목표점에서 옆으로 틀어진다. 그렇다면 드라이버의 경우 230야드를 친다면 1도가

쉬운 채, 쉬운 길, 쉬운 골프

틀어질 때 10피트(약 3미터)가 흐트러지게 된다. 만약 드라이버를 칠 때 임팩트 순간에 헤드업을 하면서 드라이버가 약 10도가 열린다면 계산상으로 볼이 30미터나 오른쪽으로 밀린다.

또한 발끝 오르막에서 토우가 들리면 드로우가 걸리고, 발끝 내리막에서 힐이 들리면 페이드 성의 구질이 되는데, 이런 것들이 바로 경사진 곳에서의 볼 접촉이 평평한 곳에서 스퀘어로 클럽페이스에 맞는 것과 엄청난 차이를 보이기 때문이다. 캐디가 코치의 역할까지 할 수는 없겠지만, 그래도 그 원리를 이해하고 골퍼로 하여금 납득할 수 있게 설명을 해 줄 수 있다면 아마도 골퍼는 그 서비스에 감동받게 될 것이고 골프장과 캐디는 영원히 그 골퍼의 기억에 남게 된다는 사실을 명심하라.

9 홀

# 티잉그라운드에서 조심하라

시작이 반이라고 한다. 골프에서 티샷은 그저 똑같은 한 타가 아니라, 그 홀의 플레이 전체를 좌우하는 매우 중요한 첫샷을 의미한다. 따라서 새로운 홀의 시작인 티잉그라운드에서 캐디의 좋은 서비스는 아주 중요하다. 베스트 캐디는 골퍼들이 자신감을 가지고 즐겁고 편안하게 플레이할 수 있도록 티잉그라운드에서 특히 잘 섬겨야 한다.

> 잘못한 말은 비수, 해서는 안 되는 말

내 친구 L교수는 몹시 싫어하는 말이 하나 있다. 그것은 "선생님은 치셔도 되요"라는 말이다. 그는 20년 골프구력이지만, 처음 기초를 부실하게 쌓아서인지 좀처럼 거리가 나질 않는다. 찬란한 숏게임 실력과 오랜 라운드 구력으로 비록 80대 스코어는 기록하고 있지만, 늘 비거리에 대한 심한 콤플렉스를 가지고 있다. 그래서 그는 '선생님은 치셔도 돼요, 라는 캐디의 말을 들으면 피가 거꾸로 솟는다'는 과격한 발언을 하기도 한다. 매너가 좋은 그도 그 말을 들으면 오기가 나서 더 멀리 치려다 실수를 하고, 자꾸만 그 실수의 망상에 사로잡혀 결국 스코어를 망치고 불쾌한 라운드가 된다고 했다.

> 쓸데 없는 말, "슬라이스 홀, 서비스 홀"

캐디는 골퍼에게 도움이 되지 않는 말은 삼가는 것이 좋다. 전혀 영양가 없는 데도 캐디들이 자주 하는 말들이 있다. 대표적으로 "여기 슬라이스 홀이에요", "서비스 홀이에요" 등이다. 이 말들은 오히려 플레이어들에게 혼선을 가져다 준다. 슬라이스 홀이라면 그 이유가 무엇인지, 예를 들어 티잉그라운드가 오른쪽을 향하고 있다거나, 또는 지형적으로 바람이 왼쪽에서 오른쪽으로 분다거나 하는 명백한 이유를 설명해 주지 않으면 골퍼들은 "왜 슬라이스가 나지?"하면서 샷하기 전에 불필요한 생각을 하게 되고 복잡한 머리는 대체로 나쁜 결과를 만들기 쉽다. 얼마 전 청평 마이다스밸리 골프장에서 라운드할 때 캐디 K 양을 칭찬했다. 그녀는 티잉그라운드에 오르기 전에 왜 그 홀에서 슬라이스가 많은지를 일일이 설명해 주었기 때문이다.

'서비스 홀'이라는 것도 그렇다. 거리가 짧거나 비교적 쉬우니까 애버리지 골퍼의 경우 파를 잡기가 쉽다는 뜻으로 해석되지만, '여기는 쉬우니까 버디나 파를 못하면 하수'라는 뜻으로 부담을 받는 사람도 있고 또 마음을 잘 다스려 치고 있다가 갑자기 욕심을 내게 만들기도 한다. 그래서 그냥 치면 쉬울 것을 더 멀리 또는 더 잘 치려고 덤비다가 허물어지게 된다. 더구나 이런 쉬운 홀에서 허물어지면 골퍼들은 더욱 마음의 상처를 받는다.

### > 타이밍 나쁜 어드바이스는 독(毒)

K사장은 어드레스를 하면서 페어웨이의 좌중간을 겨냥했다. 이제 차분한 마음으로 백스윙을 시작하려는데, "여기 오른쪽으로 슬라이스 OB 많이 나요"라고 캐디가 어드바이스를 했다. K사장은 갑자기 오른쪽 OB라인을 한 번 쳐다보게 되었고, 그의 볼은 OB구역 밖으로 날아갔다. 어드레스에 들어갔을 때 말을 거는 동반자는 매너

가 나쁜 동반자이다. 마찬가지로 어드레스 들어갔을 때 어드바이스를 하는 캐디도 결코 좋은 캐디가 될 수 없다.

언젠가 칼럼에서 본 이야기이다. 미국 시각장애인 골프협회 회장이 평소에 캐디를 해 주던 부인이 여행을 가게 되어 이웃 친구가 대신 캐디를 해 주었는데, 어느 파 3홀에서 "그린 앞에 해저드가 있어요"라고 알려 주었더니 바로 그 물에 빠뜨렸다고 한다. 나중에 돌아와 그 사실을 안 부인이 "어차피 눈에 보이지도 않으니 일부러 이야기 해 주어서 걱정을 만들어 줄 필요가 없었는데……"라고 말했다. 꼭 알려 주어야 할 정보가 있다면 티잉그라운드에 오르기 전에 이야기를 해 주는 것이 좋다. 만약에 그 타이밍을 놓쳤다면, 골퍼가 묻지 않고 어드레스에 들어갔을 때에는 차라리 그냥 놔두라. 일부러 왼쪽에 OB가 있다거나 오른쪽에 해저드가 있다거나 하는 이야기를 뒤늦게 하는 경우에는, 마지막 시선이 그 쪽으로 가게 되고 시선이 가는 곳에 마음이 가고, 볼은 대체로 마지막 시선과 마음이 머문 곳으로 많이 날아가기 때문에 어드바이스는 항상 적절해야 한다.

# 골퍼의 행복은
## 캐디하기 나름

정다운···

10홀

# 티잉그라운드에서 빛나는 캐디

P교수는 전 홀의 버디로 아너가 되어 아주 상쾌한 마음으로 티잉그라운드에 올랐다. 오랜만에 드디어 라이프 베스트 스코어를 향해 질주하는 것으로 믿었다. 파워 히터인 그는 캐디가 건네준 드라이버로 힘찬 스윙을 했다. 그런데 볼은 형편없이 우측으로 밀리며 숲속으로 날아갔다.

"아니 웬일이지?"

P교수의 얼굴이 흙빛으로 변했다. 시니어인 L사장의 매우 연한 샤프트 드라이버를 캐디가 잘못 준 것이었다. 같은 T사 제품이었지만 샤프트 강도와 로프트가 달랐는데, 캐디가 실수로 잘못 건네주었고, 전 홀의 버디로 들뜬 마음에 P교수는 클럽을 체크하지 않고 강력한 스윙을

하였다가 낭패를 본 것이다. 라이프 베스트의 꿈은 한순간에 사라지고 이후 P교수가 마음을 완전히 달래기까지는 몇 홀이 더 걸렸다. 위와 같은 상황은 수시로 발생하는 케이스다. 비록 모든 것이 플레이어 책임이라지만, 적어도 골퍼가 자기 클럽을 재확인하도록 캐디가 주의를 주어야 한다.

### > 첫 홀은 누구나 떨린다

가장 중요한 한 타를 물으면 마지막 홀 짧은 퍼트라고 프로 선수는 이야기할지 모르지만, 대부분 아마추어 골퍼들은 첫 홀의 티샷이라고 이야기한다. 각종 기대감과 동시에 두려움이 함께 가득한 곳이 첫 홀의 티잉 그라운드이다. 때로는 프로나 싱글 핸디캐퍼들조차도 첫 홀에서 두려움을 느낀다고 한다. 많은 갤러리나 동반자들이 지켜보니 좋은 샷을 날려야 한다는 중압감이 크게 작용하기 때문이다. 그래서 어깨와 온몸 근육이 긴장하게 되고 불안감에 헤드업도 많이 하여 형편없는 실수를 할 때도 있다.

가끔 첫 홀에서 초·중급자 동반자들에게 조언할 때 내가 인용하는 성경 구절이 있다.

"오직 너는 크게 용기를 내어…… 오른쪽이나 왼쪽으

로 치우치지 않도록 하라. 그러면 어디를 가든지 성공할
것이다."

슬라이스나 훅이 심하게 나서 깊은 러프나 숲속으로
들어가지만 않는다면, 즉 거리보다는 방향을 중시하여 페
어웨이만 키핑한다면, 설사 첫 티샷의 거리가 짧더라도
큰 문제가 되지 않는다. 골퍼가 근육과 마음의 긴장을 풀
고, 거리보다는 방향을 잘 잡고 자신감 있게 스윙하도록
마음 편하게 가이드하는 것이 현명한 캐디의 서비스 노하
우이다.

과거에 잠깐 모 퍼블릭 골프장의 사장으로 근무할 때였다. 2번 홀은 상습 정체 구간인데 원인을 살펴보니 왼쪽으로 굽은 도그레그 홀에서 많은 골퍼들이 코너를 가로지르려다가 실수로 왼쪽 숲 OB지역으로 날려 보내게 되고 그 볼을 찾는 것이 중요한 이유였다.

더구나 그 코너에는 벙커까지 있어 때로는 벙커에서 철버덕대다 보니 시간은 시간대로 걸리고 또 스코어는 스코어대로 나빠져서 골퍼들이 많이 우울해지는 것을 보았다.

안양베네스트 5번 홀은 350야드 내리막 오른쪽 도그레그 홀이다. 장타자들은 이곳에서 많은 유혹을 받는다. 아마추어 장타자들은 잘 쳐야 그린 앞 40~50야드 지점에 가니까 숲을 가로지른다 해도 한 번에 온그린이 되는 것도 아니다. 또한 원온을 방지하는 벙커가 그린의 코밑까지 깊게 드리우고 있다. 사정이 이쯤 되면 아마추어 골퍼들에게는 페어웨이의 좌중간으로 티샷하고 세컨샷은 숏아이언으로 풀스윙하는 것이 더 현명한 작전일 것이다.

평생 이글은 한 번 하고 죽어야겠다는 골퍼들이라면 코너 가로지르기를 해도 할 수 없지만, 그런 유혹이 생겼을 때에도 남의 눈을 의식하지 않고 자기 페이스대로 페어웨이 넓은 쪽을 택하여 샷을 하는 소신 있는 골퍼가 견고한 플레이를 할 수 있다. 그런 장타자의 왕자병 같은 증세를 보이는 골퍼들에게 "넓은 데로 임하소서."하며 안전한 외곽 지역을 공략하게 가이드하는 캐디야말로 베스트 캐디라고 할 수 있다.

## 11홀

# 행복을 선물하는 베스트 캐디가 되자

얼마 전에 칼럼니스트인 모 교수로부터 제주도 O 골프장에 조선족 출신 캐디들이 있는데, 얼마나 열심히 하는지 일행이 무척 감동을 받았다는 말을 들었다. 우리 나라에 와 있는 외국인 근로자들이 약 100만 명에 달한다. 제주도나 지방에서는 캐디 구하기가 어렵다고 말만 할 것 이 아니라, 골프장 캐디직도 외국인에게 과감히 개방되어 야 한다고 생각한다.

나는 작년에 국내에서 라운드한 것보다 외국에서 라 운드한 횟수가 훨씬 더 많았다. 주중에 단체팀으로 참가 를 해도 30만원이란 거금이 든다. 그린피를 비롯해 식음 료 등 모든 것이 비싸기도 한데, 9~10만원을 받는 캐디 들의 서비스도 때로는 별로 만족스럽지 못하다. 예쁜 얼굴에 웃는 표정은 좋아도 자기 직분에 최선을 다하는 캐디는 찾기 쉽지 않다는 게 골퍼들의 공통적인 의견이다. 그러다 보니 이제는 겨울뿐만 아니라 시즌 중에도 싼 비용에 대접 잘 받는 동남아나 일본, 중국으로 나가는 골퍼들의 숫자가 파격적으로 늘어나고 있다. 골퍼들이 밖으로 나가는 것을 나쁜 행위로만 매도할 것이 아니라, 국내 골프장도 고객 만족을 위한 경쟁력을 높이고 국내 캐디들도 동남아 평균 캐디피 1만 원의 10배를 받는 만큼 그에 부끄럽지 않은 좋은 서비스를 제공하도록 노력해야 한다.

연말에 필리핀 세부 섬의 M리조트로 휴가를 갔었다. 아내는 휴가 때 외국 골프장에서만 골프를 치니까 만년 더블보기 플레이어이다. 그런데 하루는 아내의 스코어가 100타 안쪽으로 들어왔다. 아내는 자기 캐디를 입이 마르도록 칭찬을 하였고, 좋은 캐디 덕분에 좋은 휴가가 되었다고 즐거워하며 라운드 후에 캐디의 주머니에 얼마간의 팁을 찔러 넣어 주었다.

아내의 캐디가 도움을 준 구체적인 내용은 다음과 같았다.

> 바른 티업Tee up 위치와 공략 방향을 알려 주다

아내는 만년초보자라 수시로 볼이 오른쪽으로 밀려 슬라이스성 구질로 거리와 방향 모두 손해를 보고 이따금은 오른쪽 숲으로 볼을 날려 보내기도 한다. 캐디가 아내에게 티잉그라운드 우측에서 티업을 하여 페어웨이 좌중간을 겨냥하도록 알려 준 뒤에 아내의 티샷은 더 이상 큰 사고를 치지 않았다.

> 짧게 치는 게 차라리 낫다고 격려하다

단타자인 아내는 조금이라도 티샷을 멀리 날리려고 힘껏 치다 보니 자꾸만 러프행을 일삼고, 또 깊은 러프에서 제대로 빠져 나오지 못하여 순식간에 몇 타씩 까먹는 경우가 종종 있었다. 그러던 아내에게 캐디가 "괜찮아요. 너무 무리하게 거리를 늘릴 필요는 없어요. 또박또박 치는 게 스코어 메이킹에 더 좋아요"라고 자신감을 불어넣어 주었다. 무리하지 않고 똑바로똑바로 치기 시작하더니 쓰리온 원퍼트가 심심치 않게 나왔고 결국 좋은 스코어를 만들었다.

> 마지막 시선을 안전한 곳에 머물게 하다

"왼쪽이 OB입니다."

"오른쪽은 해저드입니다."

"그린 앞 깊은 벙커 조심하세요."

이와 같은 안내 멘트는 어느 캐디라도 똑같이 한다. 그런데 오른쪽이 해저드라고 하면 볼이 오른쪽으로 가고, 그린 앞 벙커가 깊다고 하면 볼이 벙커로 빨려 들어갈 때도 많다. 왜냐하면 골퍼의 마음은 마지막 시선이 머문 곳에 잡혀서, 볼은 그 시선이 머문 곳으로 날아가기 십상이기 때문이다. 아내의 캐디는 "오른쪽이 해저드이니 그린 전방 왼쪽에 보이는 카트 이동 안내표지판 쪽으로 티샷을 하세요"라고 구체적인 공략 지점까지 가이드하여 줌으로써 아내가 오른쪽 해저드를 최종적으로 의식하지 않도록 해 주었다.

어쩌다가 깊은 러프나 해저드로 볼이 날아가면 열심히 하는 그 캐디에게 미안해서 "많이 쓴 볼이니 찾지 말고 그냥 가자"고 이야기해도 죽기살기로 쫓아가서 볼을 찾아오는데 감동받지 않을 수 없었다는 것이 아내의 이야기였다. 우리나라 캐디들도 모두 그런 서비스 정신과 노하우를 가지고 있다면, 비싼 비용과 척박한 환경에서 볼을 치

는 골퍼들이 그래도 훨씬 행복해질 수 있을 것이라 생각
한다.

얼마 전에 컬럼니스트협회 친선 모임시 만난 제주도
더 클래식 골프클럽의 모범캐디 정양이 '저는 골퍼들의
행복을 위해서 일해요'라고 했던 정다운 말이 기억난다.

정다운…

# 12홀

# 현명한 캐디의 골퍼를 살리는 말

"미련한 사람의 입술은 다툼을 일으킨다. 슬기로운 사람의 말은 깊은 물과 같고, 지혜의 샘은 세차게 흐르는 강처럼 솟는다."

성경 잠언에 나오는 말씀이지만, '죽이고 살리는 게 혀에 달려 있다'라는 말은 어디서나 쉽게 듣는 이야기이기도 하다. 골프장에서 위기나 찬스를 맞았을 때 현명한 베스트 캐디의 조언 또는 위로 한 마디가 골프의 흐름을 얼마나 좋게 바꿀 수 있는지는 골퍼들이라면 다 알고 있는 사실이다. 현명한 캐디들이 들려 주는 몇 가지 영양가 있는 조언을 소개한다.

남자들 가운데에서도 특히 젊은 장타자들 중에 무척 급한 성향의 골퍼가 많다. 그들의 패턴이 '미스샷 이후 즉시 보복'이다. 보기 플레이어 수준이라면 라운드당 적어도 5~6개의 치명적인 실수를 하는 것이 보통인데, 문제는 실수를 한 후에 바로 리커버리를 하려다가 크게 망가지는 경우가 대부분이다. 티샷이 생각보다 짧았다면 볼의 라이나 남은 거리에 상관 없이 3번 우드를 빼서 직격탄을 날리고, 티샷이 슬라이스로 숲속에 들어가면 조금밖에 보이지 않는 틈새로 핀을 향하여 돌진한다. "골프는 이런 맛으로 치는 거야."하면서 무모한 "돌격 앞으로"를 외치는 골퍼들은 두세 홀에서 핸디캡의 절반을 까먹는 것이 예사다. 몇 년 전 어느 골프장에서 싹싹한 캐디로부터 들은 멋진 말을 평생 잊을 수 없을 것 같다.

"골프는 두고 보자는 놈이 더 무섭대요. 이번 샷이 아니라 다음 샷으로 승부하세요."

&gt; 7번만 잘 쳐도 싱글 핸디캐퍼된대요

모든 아마추어 중급자들의 희망이 싱글 스코어다. 그런데 싱글 스코어라는 것이 18홀을 파 반, 보기 반으로

치면 되는 것이니 이론적으로 보면 무척 쉬운 이야기이다. 거리가 아주 짧은 단타자 골퍼라면 할 수 없지만, 대한민국에서 길다는 파 5홀도 보통 7번 아이언을 네 번만 치면 다 도달할 수 있는 거리이다. 그런데 많은 골퍼들이 다루기 어려운 3번 우드, 4번 아이언 등을 가지고 씨름을 하고 또 코스에서도 수많은 미스샷을 만들고 허물어진다.

엊그제 입문한 골퍼에게도 7번 아이언은 그리 다루기 어려운 클럽이 아니다. 미들 아이언, 숏 아이언만을 쓰면서 매 홀 파를 하기는 쉽지 않지만, 사고만 안 치면 보기는 쉽게 하는 게 골프이다. 골프는 쉬운 채로 쉽게 쳐야 쉽다. 골프 샷은 만만한 샷만 골라서 만만하게 치면 스코어는 언제나 만만해진다. 중급자 시절에 만난 어느 고참 캐디의 말이 기억난다.

"잘 뜨는 채로 쉽게 치세요. 7번 아이언만 잘 쳐도 쉽게 싱글된대요."

> 길게 쳐야 오다 가다 걸려요

아마추어 골퍼의 홀인원 확률이 보통 3,000라운드에 한 번꼴이라고 한다. 그런데 비록 운칠기삼이라고 생각하지만 나는 평균 300라운드마다 한 번씩 홀인원을 하였으

니 계산상으로는 10배나 확률이 높았던 셈이다. 파 3홀 그린 후방에서 특별히 심한 내리막 퍼팅을 해야 되는 경우가 아니라면 나는 언제나 핀 높이Pin high 이상으로, 즉 그린 중·후방을 향하여 티샷하는 성향을 가지고 있다.

나는 초보자 시절에 S골프장 캐디로부터 아주 좋은 말을 들었는데 평생 그 말을 마음에 품고 플레이한다. 후반 파 3홀 티잉그라운드에서 그녀가 미소 가득한 표정으로 나에게 이렇게 이야기했다.

"회원님, 홀인원하시고 나무 한 그루 심으셔야죠? 홀인원의 필요 조건이 뭔지 아세요? 일단 지나가야 된다는 것이죠. 아까처럼 짧게 치지 마시고 아주 넉넉하게 길게 치세요."

전반 파 3홀에서 짧게 친 티샷이 벙커에 빠져 스코어를 확 망가뜨린 것을 보며 가슴이 아팠는지 길게 치라고 조언을 해 주었다. 네버 업 네버 인Never up, never in. 미치지 않으면 들어가지 않는다는 퍼팅의 격언인데, 이것은 티샷이나 모든 스윙에 공히 적용되는 철칙이다.

"길게 쳐야 실수라도 오다 가다 걸려요."

이 얼마나 멋진 말인가?

## 13 홀

# 도우미와 해치미

그린피와 캐디피가 계속 인상되고 있어, 골퍼들의 심기가 매우 불편해지고 있다. 인터넷 골프 사이트 여기저기서 골퍼들의 볼멘소리가 터지고 '이제는 한국에서 골프 안 친다'고 선언하며 틈만 나면 해외에 가서 실컷 볼을 치고 들어오는 골퍼들의 숫자가 많아졌다. 작년에 2,000만 명이 국내 골프장을 찾았다는데, 해외 골프 출국자가 63만 명이라는 통계는 실제로 약 100만 명은 골프 치기 위해 해외로 나갔다는 이야기가 된다. 한 사람이 5라운드만 쳤어도 국내 총라운드의 1/4에 해당되며 앞으로 그 숫자는 점점 늘어갈 것으로 보인다.

비싼 그린피에 이어 두 번째로 불만스러운 것이 캐디 서비스라고 골퍼들은 이야기한다. 캐디 1명이 4명의 골퍼를 서브하는 게 쉽지 않다는 사실은 모두 인정한다. 그러나 4~5시간의 라운드 동안 부실한 서비스를 받으면 9~10만 원의 캐디피를 지급하는 것이 아깝다고 했고, 그래서 더욱 동남아로의 원정 골프를 그리워하게 된다고 한다.

연초에 강원도 해변의 신설 골프장에 갔다. 그 그룹사 기존 골프장은 평판이 좋은 곳이어서 새 골프장에 대해서도 나름대로 많은 기대를 걸었었다. 호쾌한 골프를 치기에는 다소 좁고 언듈레이션이 심하지만, 그런대로 레이아웃을 잘 해 놓았고, 관리도 좋은 상태였다. 더구나 클럽하우스 직원들의 매너도 좋아서 깔끔한 인상을 받았다. 그런데 실제 라운드가 시작되자마자 그 좋았던 첫인상은 부실한 캐디 서비스로 완전히 망가졌고, 금년 첫 라운드를 잘 해 보려던 계획은 여지 없이 무산되었다.

나는 2년에 한번씩 모 골프 잡지사의 베스트10 코스 선정 작업에 패널로 참여한다. 그래서 처음 가는 골프장에는 꼭 지배인이나 경기과 직원 등에게 코스의 특징과 시그너쳐 홀에 대해서 묻는다. 그 골프장의 지배인은 5, 13, 15번 홀인 파 4, 파 5, 파 3홀이 대표적인 홀이라고 설명해 주었다.

10번 홀부터 시작하는데, 캐디 외에 캐디 복장을 한

피교육생 1명이 동반했다. 자꾸만 플레이의 선과 퍼트의 선을 침범하여, 교육받은 지 얼마나 되는지 물었더니 아무것도 모르는 초짜배기였다. 그래서 내가 '앞으로 그린 주변에서는 내 뒤에만 서면 플레이어에게 방해되지 않는 좋은 위치가 됩니다'라고 설명해 주었으나, 계속 다른 곳에 서서 퍼트의 선을 침범하는 것이었다. 일을 직접 돕는 것도 아니고 관람을 하는 것이라면 차라리 갤러리처럼 멀리 떨어져서 보면 방해나 되지 않을 텐데……

다소 찜찜한 마음으로 13번 파 5홀에 왔다. 코스 안내 책에는 티샷이 270야드를 넘으면 해저드에 빠지는 것으로 되어 있는데, 캐디는 220야드면 빠진다고 해서 아너인 장타자 G는 5번 우드샷을 했다. 나는 아무리 보아도 드라이버를 다 쳐도 괜찮을 것 같았는데, 캐디가 절대로 230야드를 넘어가면 안 된다고 해서 할 수 없이 3번 우드로 바꾸었다. 어드레스를 했는데, 바로 옆으로 교육생이 지나갔다. 아무 이유없이……. 그래서 어드레스를 풀었다가 다시 쳤고, 볼은 215야드쯤 날아서 우측 카트 도로 위에 놓였다. 볼이 있는 지점에 가서 보니 해저드까지 무려 50~60야드나 떨어져 있었고, 내가 '드라이버를 힘껏 쳐도 되는 거리였다'고 하자, 캐디는 아무 말 없이 고개만

갸우뚱하고 다른 플레이어 쪽으로 갔다. 근접 지점에 드롭을 하고 볼을 치려는데, 이번에도 피교육생이 뒤쪽의 플레이 선을 또 침범했다. 나의 5번 아이언 세컨샷은 그리 깨끗이 맞지 못하여 페어웨이 왼쪽을 넘어 카트 도로 옆 경사면 러프에 걸렸다. 캐디가 차를 몰고 한참을 앞으로 가 버려서 내 클럽을 가져오는 데 꽤나 긴 시간이 걸렸다.

100야드 지점으로 레이업한 후, 그린 앞 깊은 벙커와 맞바람을 감안하여 110야드 정도로 쳐야겠다는 마음을 먹었다. 묻지도 않았는데, 캐디가 옆을 지나며 '90야드로 치세요'라고 했다. '왜 그렇게 짧게 보라고 할까?'하는 의문이 들었지만, 절충안으로 100야드를 쳤는데, 맞바람에 뻗지를 못하여 턱에 맞고 뒤로 굴러 벙커에 들어갔다.

골프장이 자랑하는 홀에서 캐디가 야디지도 모르고, 묻지도 않았는데 거리를 잘못 가르쳐 주어 플레이어를 헷갈리게 하고, 피교육생은 오며 가며 플레이와 퍼트의 선이나 침범하고…….

이후 두 차례 더 캐디는 묻지 않는 데도 잘못된 거리를 가르쳐 주는 실수를 했다. 그래서 묻지 않는 로우 핸디캐퍼에게는 거리나 그린에서의 경사에 대하여 아무 말도 할 필요가 없다고 설명해 주었다. 미운 놈 떡 하나 더 준다는 속담처럼 18홀 홀아웃하고는 캐디에게 매너 부분을 잘 읽어 보라고 정중히 권유하면서 내가 지은 책을 한 권 선물했다. 나를 초대하였던 친구가 이 지역 새 골프장에서는 캐디를 구하기가 힘들어 교육을 강력하게 못하는 것 같다고 이야기했다. 아무리 캐디를 구하기 힘들어도, 피교육생을 동반시키려면 최소한의 교육은 시켜 내보내야 하며, 또 엄마캐디(사수)도 감당할 수 있는 경력자 캐디에게 시켰어야 한다.

'눈 먼 사람이 눈 먼 사람을 인도하면, 둘 다 구덩이에

빠질 것이다'라는 말이 생각났고, 도우미가 해치미같이 여겨지는 유쾌하지 않은 라운드가 되었다. 사랑받는 골프장이나 명문 골프장이 되려면 회사와 캐디가 모두 함께 노력하여 서비스의 질을 높여야 입소문이 나고 그 입소문이 명성을 만든다고 본다.

# 사랑받는 도우미가 행복을 선물한다

우리나라는 확실히 골프 강국이다. 그렇지만 과연 골프 문화 선진국이라고 이야기할 수 있을까? 우리나라 캐디는 세계 최강이다. 혼자서 네 명의 골퍼들을 도와주고, 퍼팅 그린에서 골퍼 대신 볼까지 놓아주는 탁월한 능력이 세계 최고 수준이다. 그러나 우리나라 캐디가 과연 베스트 서비스를 한다고 말할 수 있을까? 이따금 인터넷 사이트에서 골퍼들이 어느 특별한 캐디의 감동적인 서비스를 칭찬하기는 하지만, 그보다는 오히려 골프장 측과 함께 도매금으로 성토의 대상이 되고 있는 것이 슬픈 현실이다.

어찌 보면 캐디 입장에서는 무척 억울하지 않을 수 없다. 그러나 주말 한 번 라운드에 족히 쌀 두 가마값이 들어가는 고(高)비용이니, 골퍼들의 볼멘소리가 들리는 것도 쉽게 이해가 간다. 과거에는 골프장 숫자가 적어 홀당 인구 밀도가 미국의 30배가 되었고, 골프장에서는 가만히 앉아 밀려오는 손님들을 골라서 받아도 되었다. 그러나 이제는 상황이 바뀌어, 위치나 여건이 불리한 골프장의 경우는 특단의 조치가 없으면 향후 수익률이 많이 떨어질 것으로 예상된다.

코스 설계를 바꾸고 개조 공사를 하는 데에는 막대한 자금과 시간이 소요되며 또 그렇게 한다고 꼭 투자비용이 큰 효과를 거둘지도 의문이다. 골퍼들에게는 골프장 사장이 누구인가가 중요하지 않다. 그들에게는 캐디가 어떤 사람인가가 훨씬 더 중요하다. 앞으로는 골프장이 잘 되려면, 그곳에 사랑받는 도우미의 숫자가 많아져야 한다. 특강을 할 때 가끔 물어 보았더니, 전문가 캐디의 좋은 서비스를 받아 좋은 스코어를 기록하였을 때 골퍼들은 행복하다고 했고, 그때는 캐디피가 결코 아깝지 않았다고 대답했다. 골프장은 캐디들에게 다양한 교육의 기회를 제공하여 그들의 수준 높은 서비스로 골퍼들이 행복해야 경쟁력을 높일 수 있다는 사실을 알아야 한다. S골프장 고참 캐디 L은 코스 전략을 잘 이해하는데, 그녀의 전문가

다운 서비스 노하우 몇 개를 공개한다.

### > 쉬운 채로 쉽게 치세요

오래 전에 그 캐디를 만났을 때, 나는 전반에 경기를 무척 힘들게 끌고 갔었던 것 같았다. 전반 그늘집에서 나올 때 그녀가 나에게 살며시 한 마디를 했다.

"회원님, 오늘은 어렵게 끌고 가시는 것 같아요. 동작도 굳었고, 자꾸 힘 쓰시는 데 그냥 쉬운 채로 쉽게 치세요."

나는 그 말에 감동을 받았다. 골프가 안 된다고 자꾸 무리수를 두려고 했었기 때문이다. 나는 캐디의 조언을 귀담아듣고, 미들 아이언 중심으로 쉽고 편하게 플레이를 했고, 두 홀이 지나자 경기 감각이 회복되어 후반에는 아주 만족스러운 스코어를 기록했다. 세계 최강 타이거 우즈가 30대가 되었으니 2번 아이언은 빼겠다고 했는데, 50대인 나는 요즈음 주로 5번 이하의 클럽으로 쉽게 플레이를 하고 있다. 쉬운 채로 쉽게 치면 골프가 쉬워진다.

### > 러프에선 반 타만 손해 보실래요?

동반했던 K사장은 핸디캡 10의 장타자인데 후반 파 5

홀에서 그의 볼은 왼쪽으로 감겨 깊은 러프에 들어갔고 그곳에서 친 볼은 또다시 러프로, 또 러프로 그렇게 전전하더니 OB없이 여덟 번에 온그린시켜 더블파를 하고, 끓어오르는 분노를 삭히지 못했다. 그때에 작은 내기를 하고 있어서 나는 뭐라고 이야기하기가 어색하여, 먼 발치에서 그냥 쳐다만 보고 있었다. 그때 캐디가 나에게 이렇게 말했다.

"사장님처럼 아는 회원이시라면, '러프에선 반 타만 손해 보실래요?'라고 제가 말씀드렸을 텐데……."

이따금 내가 골프장에서 캐디들을 교육할 때에, "특히 여름철에 러프가 깊고 질길 경우에는 설사 볼이 잘 보인다 해도, 골퍼가 요청하는 아이언에 피칭웨지를 하나 더 얹어서 갖다 드리는 게 좋다"라고 설명한다.

### > 90% 성공하실 수 있어요?

티샷 실수로 볼이 나무 숲으로 들어갔다. 나무 사이로 그린이 보였는데, 공격할 것인가 레이업할 것인가 고민하다 클럽을 가져온 그녀의 의견을 물었는데, 그녀가 나에게 되물었다.

"숲속 탈출에 90% 성공하실 수 있으세요?"

그 질문에 나는 조용히 페어웨이로 레이업했다. PGA 시합에서도 세계 유명 프로들이 숲속에서 무리하게 도전하다가 훨씬 큰 화를 부르는 장면을 심심치 않게 볼 수 있다. 하물며 아마추어들이야……

## 15홀

# 베스트 캐디는 2캐디 3백으로 만든다

베스트10 골프장에 늘 뽑히는 S밸리의 김사장은 경영 수업을 잘 쌓은 탁월한 전문가이다. 그와 식사 중 캐디 이야기를 나눈 적이 있다. 비록 자주 가지는 못했지만, S밸리 캐디들 표정이 언제나 밝고, 미소가 어색하지 않은 것으로 보아 항상 교육을 통해 친절 봉사가 생활화되었음을 쉽게 알 수 있었다. 캐디의 일이 얼마나 힘든지를 설명하면서 김 사장은 "말도 마세요. 어프로치용 웨지에 퍼터까지 한 무더기를 들고 가면 어찌나 무거운지 어깨가 빠질 지경이고, 고생이 정말 이만저만 아닙니다. 우리 캐디들이 정말 일을 잘 하는 겁니다. 또 고생도 심하지요." 그의 캐디 사랑이 대단했다.

나는 이런 이야기를 전하였다. "사장님의 캐디 사랑은

그들의 고객 사랑으로 이어져야만 그 빛을 발하는 것입니다. 쌀 두 가마값을 내고 골프를 치는데, 명문 골프장이라면 캐디 서비스에서도 차별화되어야겠지요. 1캐디 4백의 어려운 환경을 2캐디 3백으로 바꾸어주는 지혜를 가르쳐주어야 합니다"라고 말하자 김사장은 크게 관심을 보였다.

실제로 골프장에 캐디 교육을 할 때마다 강조하는 것으로, 일반 캐디 국제기능사 자격테스트가 있다면 아마도 한국에서 늘 1등을 도맡아 할 것이다. 그만큼 한국 캐디들의 능력이 뛰어나다는 것은 부인할 수 없는 사실이다. 동남아 국가의 1인 1캐디보다는 족히 2~3배의 업무를 수행하기 때문이다. 그렇지만 캐디피만을 단순 비교할 때 9만 원 전후의 한국은 동남아 국가의 평균 1만 원보다 엄청나게 고비용이라 그 능력을 잘 평가받지 못하는 상황이다.

"얘 너는 좋겠다. 오늘 넌 복받아서 쓰리 백이네."

앞 조의 캐디가 하는 말을 듣던 어느 골퍼는 무척 기분이 나빴다고 한다. 세 명이면 세 명 나름대로 열심히 하고, 네 명이면 또 네 명을 위해 최선을 다하면 되지 같은 캐디피받고 세 명을 하면 아주 즐겁고, 네 명을 서브하면 언짢다는 말인가? 그 옛날 1캐디 1백 시절에는 아주 여유가 많았다. 1캐디 2백 시절만 해도 서비스가 그리 떨어지지 않았는데, 4백이 되면서 현실적으로 좋은 서비스 제공이 무척 어려워졌다. 그래도 3백이면 다소 마음의 여유가 생기기 때문에 은근히 같은 캐디피를 받고 3백이 걸리기를 기대하는 캐디가 참 많은 것 같다.

3백이 좋다고 매번 그렇게 되기를 바라는 것보다, 적극적으로 2캐디 3백으로 만들라는 개념은 이렇다. 그 팀에서 가장 로우 핸디캐퍼로 보이고 인품이 있어 뵈는 골퍼를 마음 속으로 캐디 조수(도우미)로 정하고 그렇게 만드는 방법이다. 통상 그들은 볼을 잘 치기 때문에 여유가 있어 남의 볼도 잘 찾아주고, 팀 플레이 전반에 매우 좋은 영향력을 끼치는 편이다. 그들은 대체로 캐디에게 의존을 하지 않고, 그린에서 퍼트 라인을 맞추는 것을 포함해 웬만한 것은 자기가 직접 처리하는 성향들을 가지고 있다. 그런 플레이어들은 캐디가 고수 대접만 충분히 해서 예절을 갖추면, 예를 들어 퍼팅이나 어프로치 또는 티샷을 할 때에 시선을 거스리는 지점을 피하여 아주 조용히 있거나 또는 샷 전에 프리샷 루틴을 방해하지 않고 예우를 해 준다는 것을 느끼게 해 주면, 기쁜 마음으로 캐디의 일과 진행을 도와준다.

캐디가 "빨리 치세요"라고 수시로 소리치는 것보다

이런 상급자가 동반자들에게 조용하게 "우리가 조금 늦은 듯하니 빨리 따라 잡읍시다"라고 한 마디 하는 것이 훨씬 더 큰 위력을 발휘한다.

　스코어의 43%는 퍼팅이다. 프로와 상급자들은 그래서 퍼팅을 가장 중요시하고, 퍼팅에 방해가 되는 동반자들이 가장 기피하고 싶은 골퍼라고 말한다. 따라서 이런 골퍼들에게 퍼팅 그린에서 조금만 신경을 써서 예의를 갖춰 주면, 그들은 콧노래 부르며 일을 도와준다. 반면에 중요한 퍼팅을 앞두고 라이를 점검하고 있는데 부주의로 그 앞을 지나가며 프리샷 루틴을 깨지게 한다거나, 퍼팅 어드레스를 하였는데 골프카를 움직인다던가 하여 집중을 깨버린다면 아마도 그들의 협조를 받기란 힘들어진다.

　남에게 대접을 받기를 원한다면, 골퍼들로부터 협조 받기를 희망한다면 먼저 그들에게 합당한 대우를 해 줘야 한다. 골프장에서도 항상 '뿌린 대로 거두게 되는 것'이 진리이다.

## 16홀

# 아주 고마운 필리핀의 캐디 세 사람

몇 달 전 한국에 골프투어 온 세 명은 싱가폴, 홍콩, 대만에 사는 사업가들로 많은 나라의 골프장을 섭렵하였지만 유독 한국에만 골프투어가 없어 지인을 통해 나를 소개받았고, 나는 그들에게 제주도에서 3회, 서울에서 1회 라운드하도록 도와주었다. 떠나기 전날 함께 식사를 하며 한국 골프 경쟁력에 관하여 이야기를 나누었는데, 그들은 골프장 관리가 참 잘 되어 있다고 칭찬을 하면서도 주변 골퍼들에게 한국 골프투어를 권하기는 어렵겠다고 했다. 그들이 내세운 이유는 첫째, 비용이 너무 많이 든다는 것이었고(제주도에서는 다소 할인된 가격에 라운드를 하였음) 둘째, 캐디 시스템이 비합리적이라고 지적했다. 제주도의 특색 있는 명문 링크스코스 중문골프클럽과 S,

P 골프장에서 라운드했지만, 전혀 언어가 통하지 않았고 캐디피에 비해 서비스도 만족스럽지 않았다고 했다. 첫날은 8만 원, 둘째 날은 9만 원, 셋째 날은 10만 원을 캐디피로 매일 만 원씩 늘어났지만 3일이라서 다행이었다고 농담 반 진담 반으로 말하면서 다른 국가에 비해 골프장 경쟁력이 떨어지는 것을 분명하게 지적했다.

나는 여러 나라의 다양한 골프장에서 많은 캐디를 만났다. 동남아에서는 캐디피를 감안할 때 무척 만족도가 높은 서비스를 받아 만족스러웠다. 특히 시각장애인 제자들을 전지 훈련시키기 위해 필리핀 세부에 갔을 때, '정말 고맙다'는 마음이 절로 생겼다. 메르세데스 골프클럽은 세부 섬 동북쪽 끝에 있는 골프장으로 아주 평범하고 조용한 곳이다. 명문 골프장으로 이름난 곳도 아닌 한적한 시골의 그 골프장에서 만난 세 명의 캐디에게서 만족의 수준을 넘어서 무척 고마움을 느꼈고, 꼭 다시 찾아 오겠다고 다짐을 하게 되었다.

## 1. 첫 번째 캐디 리사Lisa

30대의 주부로 비교적 경력이 많은 캐디인데, 6일간 연속해서 완전 맹인인 K씨의 전속 캐디가 되었다. 원래

지정 캐디를 인정하지 않지만 시각장애인 골퍼이기에 골프장 측에서 동의를 해 주었다. 리사는 정말 친절하고, 열심이었다. 골프에 갓 입문한 K씨가 어떻게 덜 고생하며 빨리 실력을 늘릴 수 있는가를 고민해 도와주는 모습이 인솔자인 내 입장에서는 그렇게 고마울 수가 없었다. 어떤 홀에서 K씨의 실수가 거듭되어 내가 볼을 줍고 그냥 가자고 말하자, 나에게 애원하듯 한 번만 더 치도록 해보자고 할 때 '아, 이 사람이야말로 고객을 사랑하는 캐디다'라는 생각이 들어 나는 크게 감동을 받았다. 리사 덕분으로 훈련을 잘 마친 K씨는 일본에서 열린 친선대회에서 전맹부 2위의 좋은 성적을 올렸다. K씨가 먼저 떠난 후에는 내가 블라인드 골프를 체험하기 위해 눈을 가리고 라운드를 하였는데, 리사는 그때 나의 캐디가 되어 자기가 느낀 점을 잘 알려 주어서 내가 시각장애인 전문 캐디 교육을 위한 좋은 정보로 활용할 수 있도록 했다.

## 2. 두 번째 캐디 조앤Joanne

역시 경력이 꽤 되는 베테랑이었다. 조앤은 조금 볼 수 있는 시각장애인 H씨의 캐디였는데, 당시 컨디션이 나빠 힘들어했던 완전 초보 고객을 언제나 명랑한 목소리로 격려하여 사기를 살려 주었다. 몸이 아파서 비록 롱게임은 제대로 할 수 없었지만, 조앤 덕분에 H씨도 그린 주변에서의 어프로치와 퍼팅을 연마할 수 있었고 H씨 역시 일본 시합에서 만족할 만한 성과를 낼 수 있었다. H씨는 조앤의 성의를 봐서라도 자기가 포기할 수 없었다고 이야기했었다.

## 3. 세 번째 캐디는 비비안Vivian

그녀는 20대 초반으로 3년 경력자라고 했다. 걸음걸이가 시원하며 매사 자신감 넘치는 그녀의 태도가 예사롭지 않아 물었더니 80대 후반의 골프 실력이라고 했다. 또 틈틈이 후배 캐디들에게 실습 라운드하며 교육한다고 했다. 골프 클럽을 두 손으로 건네주는데 한국 캐디보다도 더욱 공손하고 편한 각도였다. "골프를 잘 치는 분들을 만나면 여쭤보고 싶은 게 아주 많다"며 그녀는 이것저것을 아주 공손하게 물었다. 자기가 골프를 더 잘 칠 줄 알아야 보다 질 높은 서비스를 할 수 있다고 말하는 비비안에게서 진정한 고객 사랑의 정신을 잘 읽을 수 있었다.

나에게 고마움을 느끼게 해 준 필리핀의 이 세 행복 도우미가 언제나 건강하고 행복하길 축원하며 꼭 다시 만날 것을 기약한다.

# 좋은 캐디가 골프장의 경쟁력

7월의 첫 일요일 비 내리는 아침 뉴서울 골프장에서 티오프하는 선배 K실업 박사장에게, "날씨도 궂은데 즐거운 마음으로 잘 즐기다 오세요."하고 인사를 했다. 선배는 다음 날 득달같이 나를 찾아 '지난 20년간의 골프 역사에 이렇게 기분 좋은 라운드는 처음'이라고 하며 좋은 캐디를 만난 이야기 보따리를 풀었다. 내가 베스트 캐디 수첩 칼럼을 쓸 때에 가능하면 소재로 다루어 달라는 부탁도 함께 하면서 입에 침이 마르도록 칭찬을 하는 것이었다.

요즈음 캐디들은 마음 고생이 심하다. 실제로 본인들은 원치 않는 보호법이라는 것이 생긴다며 말들이 많다. 정부와 골프장 업주들과 골퍼들 사이에서 캐디 선택제가 필요하다느니, 노 캐디 시스템으로 운영한다느니, 이 참에 캐디를 아예 없애자느니 설왕설래하는 것이 당사자인 캐디 입장에서는 마음이 불편하고 어쩌면 일자리가 없어지지나 않을까 걱정이 되리라고 본다.

10년 전만 하더라도 간혹 불친절한 캐디를 만나면 불평을 하는 골퍼들은 있었어도, 캐디 제도가 없어져야 한다거나, 또는 캐디 선택제를 하자는 주문은 없었다. 그런데 지금 이런 이야기가 나오는 것은 서비스의 질에 비해 고비용이므로 만족스럽지 못하다는 뜻이다. 최근에는 여러 골프장들이 앞다투어 좋은 캐디 서비스를 제공하기 위해 교육도 시키고, 또 실제 골프를 치게 함으로써 골퍼들의 마음을 헤아리도록 하고 있지만, 아직은 골퍼들을 감동시키지 못하고 있는 것이 현실이다.

왜 그날의 캐디 P씨를 그렇게 높이 평가를 하는지 그 이유를 박사장은 조목조목 다음과 같이 설명했다.

1. 상냥한 정도가 아니라 늘 미소를 머금고 활짝 웃어 고객들의 마음을 편안하게 만들어 주었다. 요즈음은 웬만한 골프장에서 상냥한 캐디는 쉽게 찾을 수 있지만…….

2. 서비스 수준이 대단히 높았다. 그린에서 경사를 읽고 조언하는 것이 매우 정확했고, 처음 방문한 고객이 쉽게 납득할 수 있도록 코스 공략법을 효과적으로 설명했다.

3. 골퍼의 심리를 꿰차고 경기 리듬을 잘 살려 주었다. 한 홀에서 OB를 내고 당황해하는 박 사장에게, "고수들도 OB 한 방은 흔해요. 스윙이 좋아 더 이상 OB는 없을 것이니 걱정하지 마세요"라고 잘 위로한 덕분인지 실제로 더 이상 큰 트러블은 없었다.

4. 세컨샷 지점으로 걸어가며 어프로치웨지를 함께 달라고 하자, "파 온이 안 되면 그린 근처에서 드릴 테니 세컨샷에만 집중하세요"라고 격려하였고 그 말에 힘입어 조금 더 신중하게 최선을 다한 박사장의 세컨샷은 온그린 되었고, 그 홀에서는 어프로치웨지를 쓸 일이 없었다.

5. 클럽이 젖지 않도록 겨드랑이에 그립을 확실히 끼고 가져다 주는 모습에서 골퍼들을 사랑하는 좋은 캐디의 프로 정신을 보았다. 잘 한다는 차원을 넘어서 고맙다는 생각이 들었고, 감동을 받게 되었다.

박 사장은 지난 20년간 좋은 스코어를 냈거나, 동반자와의 라운드가 즐거웠거나, 코스가 멋있어서 꼭 다시 오고 싶다는 생각을 해 본 적은 많지만 좋은 캐디를 만나서 그 골프장에 다시 가고 싶다는 생각을 하게 된 것은 이번이 처음이라고 했다. 턱없이 오르는 그린피와 세계에서 가장 비싼 골프 물가로 시달리는 한국의 골퍼들이지만, 정말로 좋은 캐디를 만난다면 캐디피를 아까워하는 사람은 없을 것이다.

좋은 캐디가 많이 있는 골프장이야말로 앞으로는 경쟁력 있는 골프장이 될 것이라고 확신한다.

# 파인리즈의 미녀 쌍둥이 캐디

어느 골퍼가 인터넷 사이트에 올린 글이다. 용인에 새로 생긴 골프장이라고 했다.

"지난 주에 갔었는데, 캐디가 왜 있는지 모르겠더 군요. 정말 하기 싫은 표정으로 공은 절대로 안 찾아 주고. 왜 그런 캐디에게 캐디피 주면서, 스트레스받으 면서 골프를 쳐야 하지? 퍼브릭 골프장이라고 특히 심 한 것 같다는 느낌을 지울 수 없었습니다. 플레이어가 원하면 무캐디 플레이가 가능하도록 제도를 바꾸었으 면 합니다. 골퍼들 플레이는 전혀 신경을 안 쓰고, 오 직 관심은 앞팀 따라가는 것밖에 없어 보이고, 동반자 플레이에 대해서 비아냥거리기, 핀 위치 틀리게 가르쳐 주기 등등······ (후략)"

얼마나 화가 났으면 인터넷 사이트에 불만을 터뜨리는 것일까? 이 글에는 리플이 여러 개 달렸다. "그런 골프장에 왜 가십니까? 아직도 가십니까?" 등등 동조하는 내용이 많았다. 20년 전에는 인터넷도 없었지만, 그 시절엔 골퍼들이 캐디들의 서비스에 대하여 불만을 터뜨리는 것을 여간해서는 보기가 어려웠다. 세계에서 가장 비싼 골프를 치는 요즈음 한국의 봉(골퍼)들은 심기가 매우 불편해 캐디들이 조금만 소홀히 하면 "세계에서 가장 비싼 캐디피를 받으면서······"라고 인색한 불만을 토로한다. 그래서 요즈음 캐디도 마음 고생을 많이 하는 것으로 알고 있다.

7월 초 막내 여동생의 부탁으로 초보자인 매제의 1박 2일 집중 훈련을 위해 강원도의 파인리즈 골프장을 찾았다. 캐디들 중 상당수가 레슨 프로의 자격을 얻었다고 해서 전체적으로 캐디의 수준 높은 서비스가 가능하리라 예측할 수 있었다. 골프장 측에서는 골퍼들이 원하는 경우 외국처럼 2인승 골프카를 캐디 없이 이용할 수 있도록 하였는데, 나는 참 좋은 방침이라고 생각하며 초보자를 위해 보통 때처럼 순번제 캐디를 동반했다. 김혜경양은 수도권 좋은 골프장에서 약 2년간 일한 경험이 있다고 했다. 말하는 태도로부터 클럽을 건네는 행동이 모두 참 예의 바르고 깔끔했다. 자기 일을 무척 사랑하는 자세가 우리 일행으로 하여금 그녀를 존중하고픈 마음이 생기게 했고 골프장 측에서 좋은 교육과 더불어 인격적인 대우가 있었음을 느낄 수 있었다. 내가 칼럼을 쓰고 또 가끔 캐디 교육을 한다는 것을 알게 된 그녀는 라운드 중 내게 많은 것을 배우고 싶어했고, 또 열심히 묻기도 했다. "요즈음은 골퍼들의 경기 리듬을 더 잘 이해하기 위해 자신도 열심히 라운드를 해 본다"며 골프장 측의 그런 배려를 고마워하는 것을 보고, 일반 회사 사원들의 애사심보다 훨씬 좋다는 느낌을 받았다.

동반했던 여동생은 귀국한 지 몇 년 만에 처음 골프채를 잡았기에 전반은 어수선한 경기를 하였고, 매제 역시 생초보로 형편없는 플레이를 하였지만, 김양은 초보자들이 당황하지 않도록 세심한 배려를 아끼지 않았다. 민망해하는 초보자들에게 뛰지 말고 차분하게 해야 한다고 권하면서 정작 캐디 본인은 채를 바꿔 주기 위해서, 또 러프에 박힌 볼을 찾기 위해서 엄청 뛰어다니는 것이었다.

싸구려 볼을 많이 가져 왔으니 그냥 가자고 해도, "그리 잘못 친 샷도 아닌데 찾아 드려야죠." 하면서 뛰어다니는 그녀의 직업 정신과 고객 사랑을 보면서 감동을 받지 않을 수 없었다. 샤워를 마치고 나온 여동생이 "고객님, 오랜만에 나오셨는데 그만하면 잘 치셨네요. 아마도 내일은 훨씬 더 좋아지실 거예요"라는 메시지를 김양으로부터 받았다고 얼마나 좋아했는지 모른다. 골프장에서 경영을 잘 한 것도 있겠지만, 캐디 한 사람의 좋은 서비스가 우리 가족들의 나들이를 아주 행복한 추억으로 만들어 준 것이었다. 다음 날 아침, 진행실에 앉아 있는 그녀를 다시 보았고, 여동생은 감동의 서비스 기념으로 함께 촬영을 하자고 했다. 그때 저 멀리 지나가는 다른 캐디를 부르더니 우리에게 소개를 시켰다.

"제 동생입니다. 우리 많이 닮았지요?"

모습이 똑같은 쌍둥이 미녀였다.

자기의 일을 사랑하는 행복한 캐디 김혜경양을 통해서 '골퍼들의 라운드 행복지수는 캐디하기 나름'이라는 생각을 하게 되었다.

# 아름다운 동행,
## 매끄러운 진행

함께하면 쉬운 길

# 19홀

## 어머, 잘 굴리시네요

"그린까지는 싱글핸디나 보기플레이어나 오십보 백보."

"티샷은 내가 똑바로 멀리 치는데, 스코어카드를 보면 저 양반은 늘 70대고 나는 뻑하면 또 90을 넘기니……."

우리가 쉽게 듣는 골프 이야기들이다.

"그린 주변에서 플레이를 잘 하는 것이 훨씬 중요하군 요. 그 동안 대책 없이 긴 것만 하루 종일 쳤었는데……."

얼마 전 연습라운드를 마치고 시각장애인 제자가 런 닝 어프로치 방법을 이해하고 한 말이다. 그린 주변의 숏 게임이 어떠냐에 따라 스코어가 춤을 추고, 퍼팅 성공 여 부에 따라 PGA대회에서 백만불이 왔다 갔다 하기도 한 다. 그래서 많은 골퍼들은 그린 주변에서 잘 돕는 캐디를 우수한 캐디로 생각한다.

> **치마와 그립은 짧을수록 좋다**

2007년 가을 잘 나가던 천만불 소녀 미셸 위에게 '아슬아슬한 초미니 패션'이라고 하면서 독일 방송에서 딴지를 걸었다. 갤러리와 시청자의 시선을 끌기 위해 짧은 치마를 입힌 것 아니냐는 딴지에 나이키 측 관계자 한 명이 "사실 무근이지만, 어쨌든 내년부터는 길어질 것"이라고 설명했다. 그런데 다음 해에는 미셸 위의 치마가 길어지면서 스코어가 늘었는지는 몰라도 중계방송 화면에 자주 잡히지 않아 안타까웠다.

거리를 내기 위한 우드나 아이언샷이라면 나름대로 이해할 수 있지만, 그린 주변 어프로치만큼은 짧게 잡고 다부지게 쳐야 미스샷의 실수를 피할 수 있다. 골프 스윙에서 가장 우둔한 행위가 길게 잡고 스윙시 감속하는(치다 마는) 것이라 생각한다. 화려한 롱게임 능력이 있지만 그린 주변의 엉성한 플레이로 90에서 헤어나오지 못하던 팔등신 L부인에게, 고참 캐디 P양의 한 마디가 직방 효과를 주었다.

"사모님, 치마와 그립은 짧을수록 좋대요".

그 말에 그립을 내려 잡더니 그 즉시부터 L부인의 숏 게임은 일취월장했다. 나는 그립을 짧게 잡는 사례로 소렌스탐과 신지애선수의 이야기를 많이 한다.

### > 회원님, 정말 잘 굴리시네요

K선배로부터 그린 주변에서 굴리는 법을 많이 배웠다. K선배는 턱이 낮은 벙커에서는 거침없이 퍼터를 썼고, 엣지 밖에서도 퍼터를 즐겨 썼고, 모든 어프로치의 탄도는 낮고 잘 구르는 쪽을 택했다. 웬만해서는 띄우는 적이 없다. 선배의 영향이 있었는지 나는 절대 로브웨지는 사용하지 않고, 샌드웨지도 아주 탄도 높은 샷이 불가피할 때에만 쓴다. 그러니까 어프로치는 대체로 피칭웨지로 런닝 어프로치를 많이 한다.

몇 년 전에 레이크사이드 골프장에서 열린 현대 마스터즈 마지막 날에 비가 내리는 가운데 이안 우즈남과 샌디 라일, 영국인 초청 선수 간에 연장전을 벌였다. 비가 내려서 그린이 심하게 젖어 있는 데도 두 선수는 똑같이 탄도 낮게 구르는 샷을 하는 것을 보았다. 나는 에어 타임(떠 있는 시간)보다 롤 타임(구르는 시간)이 더 긴 샷을 선호하는데 멋은 없지만, 대충 쳐도 어지간히 가는 게 일관성이 좋은 편이다. 내 딸은 "아버지는 IQ나 EQ보다 JQ가 높다"며 장난을 잘 걸어 온다. 볼 칠 때 어프로치를 잘 굴리는데, 일상의 생활에서도 잔머리를 잘 굴린다는 표현으로 잔머리 발음대로 첫 자를 따서 JQ라고 농담을 한다.

오래 전에 가끔 한 팀으로 배정을 받아 친숙하게 된 캐디 K양이 나에게 던진 재미있는 말을 잊을 수가 없다.

"회원님, 정말 잘 굴리시네요. 옛날에 학교 다니실 때도 연필 잘 굴리셨죠? 허기야 학교 성적도 그냥 찍는 학생보다는 굴리는 학생이 조금 더 나은 것 같아요."

힘든 로브웨지 붙들고 씨름하는 어설픈 골퍼들에게, 굴릴 수 있으면 굴리라는 조언은 한 라운드에 한두 타를 줄여줄 수 있는 영양가 있는 조언이 틀림 없다.

## 20홀

# 특별한 캐디 그리고 아름다운 골프

오래 전 베어크리크 골프클럽에서는 아주 특별한 시합이 하나 열렸다. 제1회 대신증권배 한국시각장애인 골프대회였는데, 17명의 국내외 시각장애인 골퍼들과 블라인드 골프 체험을 하는 개그맨 김은우씨가 함께 한 인상 깊은 대회였다. 티칭 프로 자격을 갖춘 김은우씨의 골프 실력은 잘 알려진 사실인데도 막상 그가 안대를 차고 한 실제 플레이에서는 볼을 맞추지 못하고 수 차례 헛스윙을 했다. 비교적 숙달된 시각장애인 골프협회 자원봉사 캐디가 그를 도왔으나, 결국 그는 몇 홀 만에 진행을 위해 블라인드 골프를 포기해야 했다.

그날은 프로 시합이 아닌데도 캐디들이 노란색 조끼를 입었다. 자세히 보면 가슴에 COACH라는 글씨가 새

겨져 있었다. 노란 조끼를 입은 서양인 할머니 한 분과 일본인 할머니 한 분도 보였는데 그들은 시각장애인 골퍼들을 오랫동안 돌봐준 캐디 겸 코치였다.

'남자는 여자하기 나름이고, 골프 스코어는 캐디하기 나름이다'라는 말을 참 많이 한다. 어떤 캐디를 만나느냐가 그날의 스코어와 분위기를 좌우한다고 해도 과언이 아니기 때문이다. 그런데 캐디를 꼭 코치라고 부르는 골퍼들이 있는데 그들은 앞을 보지 못하는 시각장애인 골퍼들이다. 아무리 우수한 시각장애인 골퍼라도 캐디와 호흡이 맞지 않거나, 캐디의 판단이 잘못되면 함께 추락의 늪으로 빠지게 되니 철저하게 팀 플레이를 하여야 하며 그 가이드가 캐디이므로 블라인드에서는 그들을 코치라고 부르고 또 그렇게 존중하며 모든 것을 의지한다.

수년 전에 타계한 페인 스튜어트 선수는 미식축구협회 NFL의 모델이었던 멋쟁이 골프 선수였다. 어느 날 그가 우연히 미국의 시각장애인 골프협회장이었던 팻 브라우니씨를 만나게 되어 의기 투합하여 같은 조건으로 한판 겨루자고 했는데, 9홀 경기에서 미국맹인 챔피언을 20여 회 지낸 브라우니씨가 42타, 스튜어트가 62타를 쳐서 20타 차로 완패를 했다. 시각장애인 브라우니씨가 그렇게 큰 차이로 이길 수 있었던 것은 그를 20년간 캐디로 도왔던 게리 브러쓰와의 탁월한 팀 플레이 능력 때문이었다. 그는 이제 브라우니씨의 성장한 아들에게 그 자리를 넘겼지만, 2006년에 프로캐디협회의 특별한 캐디로 선정되어 명예의 전당에 가입하게 되었다.

캐롤린 할머니는 세계시각장애인 골프협회 블라이쓰 회장의 전속 캐디인데, 그녀는 골프를 제대로 칠 줄도 모른다. 그렇지만 블라이쓰씨에게는 확실한 믿음을 주어서, 이제는 그녀가 없으면 플레이를 제대로 하지 못할 정도라고 했다. 그날 대회 참가자 중에서 가장 고령자인 김원식 노인은 내가 자원봉사 코치를 하는 노인골프 교실 회원인데 77세의 노익장이다. 그는 H회원의 캐디코치가 되어주었는데, 풍부한 인생 경험으로 가이드를 해 주었더니 H가 아주 안정적으로 플레이를 할 수 있었다. 그런 사례를 통하여 골퍼와 캐디간 좋은 합심의 협력 관계가 이루어진다면 바로 그것이 좋은 결과로 이어진다는 것을 알 수 있게 되었다.

골퍼들이 플레이할 때 만나는 골프장의 캐디들과의 관계도 단순히 금전의 대가로써 서비스를 제공하는 고객과 직원의 관계에만 그치는 것보다, 팀 플레이로서 함께

함께하면 쉬운 길

협력하여 좋은 결과를 이루게 된다면 골퍼들에게 사회 생활에서 찌든 스트레스를 확 풀어버리고 삶을 재충전하는 청량감을 줄 수 있을 것이다.

어느 날 시각장애인 제자의 연습라운드 캐디를 해 주고 집에 왔을 때 "골프를 통하여 거듭남을 느끼게 해 주신 것에 감사드립니다"는 문자 메시지를 받고 나도 지난 1,300라운드를 되돌아보았다. 그 중에는 나의 골프가 업그레이드되는데 좋은 계기를 마련해 주었던 고마운 캐디들이 몇 사람 있었고 어떤 의미에서는 그 고마운 캐디 몇 사람이 나의 골프를 거듭나게 만들어 준 것이 분명하다.

좋은 캐디는 골프 역사의 아름다운 동행자가 아닐까?

## 21 홀

# 베스트 캐디의 겸손과 충고

단풍이 빨갛게 물든 가을의 주말에 아름다운 골프장으로 잘 알려진 오크밸리 골프장에서 가까운 벗 네 명이 라운드를 했다. 1번 홀 티잉그라운드 옆 앙증맞은 골짜기에 물이 흐르는 이국적인 그곳에서 우리는 영국의 어느 조용한 마을에 들어와 있는 것 같은 생각이 들었다. 그렇게 상쾌한 라운드가 시작되었고 동반자 모두 행복한 시간을 마치고 18홀 그린을 떠나면서 인사를 나누었다. 오크밸리의 파인과 체리 코스는 특히 난이도가 높아서 동반자 모두 핸디캡을 오버하였지만, 클럽하우스로 들어가는 발걸음은 무척 가벼웠다. 유능한 캐디 한 사람, 골퍼 모두를 행복하게 만들어 준 베스트 캐디를 만났기 때문이었다.

낯선 코스라서 첫 홀은 매우 조심스럽게 플레이를 했

다. 세컨샷이 그린을 오버하면 어떤 상황인지를 알 수 없어 온그린보다는 그린 전방 안전지대에 떨어져도 좋다고 생각했고 엣지에 떨어진 볼을 잘 붙여서 파를 잡았다. 퍼팅을 마치고 그린 뒤를 걸어가 보니 약 20야드 이상의 여유 공간이 있었다.

파인 코스 2번 홀은 400야드가 넘는 난이도 높은 홀이었는데, 그리 잘 맞지 않은 티샷으로 핀까지 185야드가 남았다. 전방 좌우에는 벙커가 있어서 온그린을 노리기에는 심리적으로 압박감이 큰 상황이었다. 벙커를 아예 피해 보자는 뜻으로 캐디에게 물었다.

"첫 홀은 그린 후방에 여유가 있던데 이 홀은 어떤가요? 조금 지나가게 칠까 생각 중인데……."

그러자 명캐디 최은실양은 이렇게 조언을 했다.

"그린을 지나면 15야드 여유 공간이 있지만 그곳에서는 홀 공략에 애로가 많습니다. 차라리 조금 짧은 편이 더 낫습니다."

나는 최양의 충고를 들었고, 볼은 그린에 떨어져 경사를 타고 홀 옆에 붙어 버디를 할 수 있었다.

20년 동안 많은 캐디들과 라운드했지만, 이렇게 소신 있고 명쾌하게 충고해준 캐디를 만난 기억은 몇 번 되지 않는다. 10년 전 "남은 거리는 142야드입니다"라고 자신 있게 단 단위까지 알려 줘서 최선을 다한 샷으로 버디를 잡게 했던 캐디 등 몇 사람만 기억에 남아 있을 뿐이다.

6번 홀은 페어웨이 우측으로 있는 크리크가 그린 전방을 가로지르는 비교적 난코스인데 핀의 위치가 무척 어려웠다. 그린의 경사는 주로 혼자서 판단을 하는데 열 걸음짜리 중거리 퍼팅이 홀을 스치고 지나자마자 탄력을 받아 쭉 내려갔고, 마무리 퍼팅에 실패하여 쓰리 퍼트를 하게 되었다. 최양은 이렇게 말했다.

"제가 이곳에서 근무한 지 3년이 되었지만, 아직도 이 그린의 라이를 잘 파악하지 못하고 있어요."

대단히 겸손한 표현으로 플레이어의 상한 자존심을 풀어주려는 그녀의 태도에 감동을 받지 않을 수 없었다. 그래서 내가 이렇게 말했다.

"최양은 골퍼들을 즐겁게 플레이하게 만드는 기술이 탁월하군요."

그러자 최양은 이렇게 답변했다.

"제가 먼저 말을 걸어서라도 모두 즐겁게 라운드하시도록 노력하지요. 골퍼들이 즐거우면 결국 저도 즐거워지니까 저를 위해서라도 그렇게 하는 것이지요."

　체리 코스 1번 홀은 내리막으로 440야드가 된다. 핀의 위치가 바로 크리크 옆 코너 어려운 곳에 있어서 부득이 세컨샷을 그린 우측 엣지로 보냈다. 18야드의 어프로치를 하는데, 최양이 경사가 심하니까 약 1미터 우측으로 보는 것이 좋겠다고 조언을 했다. 비록 의견은 일치했지만 경미한 실수로 조금 더 우측으로 샷을 했고, 1미터 남짓 떨어진 내리막 퍼팅을 실패했다. "차라리 말씀을 안 드릴 걸 제가 잘못했나 봐요"라는 그녀에게 "하하하, 내가 실수한 겁니다"라고 웃으며 화답했다.

　"정말 칭찬하고 싶은데, 최양과의 라운드를 소재로 칼

럼을 쓰겠다"고 양해를 구하고, 평소 백에 넣어 가지고 다니던 나의 책에 저자 서명을 해서 한 권 선물을 했다. 대단히 상쾌한 라운드였고 오래 기억될 좋은 캐디 서비스였다. 18홀을 홀아웃하고 뒤에 펼쳐진 골프장의 멋진 코스 전경과 코발트색 하늘을 바라보니 더욱 아름답게 느껴졌다.

좋은 캐디 만나 즐겁고 행복한 라운드가 되었음에 감사하며 집으로 발걸음을 옮겼다.

22 홀

# 500원에 목숨 걸지 마세요

충청도 C컨트리클럽은 코스가 재미있고, 관리를 잘해서 나에게 아주 좋은 인상을 주었던 골프장인데 최근 골프장 연못에서 어처구니 없는 익사 사고가 발생하여 깜짝 놀랐다. 해저드에 빠진 볼을 줍기 위해 골퍼가 접근하다가 미끄러져서 빠져 숨졌다고 하는데 특히 겨울철에는 수시로 일어날 수 있는 위험 사고이기도 하다. 그 익사 사고에 대하여 캐디가 법적인 책임이 있다고는 할 수 없겠지만, 베스트 캐디라면 고객들의 안전에 최우선으로 신경을 써야 한다. 골프 규칙 제1장에서 첫 번째로 강조하는 것이 안전인데, 이는 골퍼들에게만 적용되는 것이 아니라 경기를 보조하는 캐디들도 늘 숙지하여야 할 매우 중요한 사항이다.

몇 년 전에 나는 퍼블릭 코스인 S골프장에서 자선기금 모금을 위한 캐디코치를 했었는데, 첫날 고객 중 한 사람이 연못에 빠진 매우 황당한 사례를 경험한 기억이 난다. 그 사례를 칼럼에 일부 적었던 적이 있어 그 내용을 아래와 같이 소개한다.

### > 연못 세레모니?

베스트 스코어가 이븐파인 김규O사장은 9번 홀 파 5 홀에서 써드샷을 버디 사정권에 여유 있게 온그린시키고 그린으로 걸어가던 중 연못가의 볼을 발견하고 줍겠다고 내려갔다. 잠깐 기우뚱하더니 검은 비닐 보호막에 미끄러지며 흡사 수영장 미끄럼 슬라이드를 탄 것처럼 연못 속으로 깊이 빠져 들어갔다. 김사장은 급한 마음으로 헤엄을 치기 시작했고 동반자가 건네준 아이언 그립을 잡고 힘들게 올라왔다. 물도 몇 모금 마신 것 같았다.

캐디코치 첫 라운드 기념 연못 세레모니를 칼럼에 소개하겠다고 내가 웃으며 이야기하자, 그는 살신성인의 자세로 "제가 물에 빠진 것을 꼭 사례로 밝혀 골퍼들이 이런 실수를 하지 않도록 해 주세요"라고 도리어 더 부탁을 했다.

김사장은 결국 버디를 실패하고 허겁지겁 락커실로 달려가 샤워를 한 후 새 옷을 갈아입고 후반 두 번째 티잉그라운드에서 합류했다. 연못에서 세례식을 마친 그는 느슨했던 전반과는 달리 집중을 잘 하면서 연속 파 행진을 했고, 일행들의 플레이도 모두 동반 상승하기 시작했다. 일행들은 김사장이 초반에 시작하자마자 빠졌으면 더 좋았을 것이라고 농담을 하였지만........ (후략)

나는 연못 주변의 경사가 다소 심하다는 판단으로 골프장에 건의를 하여 즉시 위험표지판을 설치하게 했다. 통상 연못의 경우 물을 잘 가두기 위해 두꺼운 비닐막을 바닥에 까는데, 그것이 수영장 미끄럼틀과 같아서 미끄러지는 순간, 순식간에 바닥으로 빠져들고 또 걸어서 올라오기란 여간 어려운 것이 아니기에 매우 위험하다. 특히 겨울철에는 꽁꽁 얼은 줄 알고 들어갔다 얼음이 깨지며 빠지는 경우가 주변에서 심심치 않게 발생한다. 나는 해저드에 볼을 빠뜨린 동반자들에게 늘 이렇게 말해 준다.

"500원에 목숨 걸지 마세요."

어떤 이는 비싼 볼이 물에 빠지면 "계란 두 판이 물 속에 들어갔네"라고 이야기하는데, 아무리 비싼 볼이라도

물 속에 빠지면 경제적 가치는 로스트 볼 500원짜리로 전락하게 된다. 그러니 500원에 목숨을 거는 불상사가 생기지 않도록 베스트 캐디가 말려줘야 한다.

하루는 선배가 아주 황당한 사고를 이야기해 주었다.

캐디가 무슨 불만이 있었는지 골프카를 난폭하게 몰았는데, 왼쪽으로 심하게 커브를 돌 때 마침 전 홀의 스코어를 적느라고 손잡이를 잡지 않았던 선배가 바깥으로 튕겨나가서 얼굴이 아스팔트에 찢기고 허리를 다쳐 몇 달 간 볼을 치지 못했다는 것이다. 평생 무사고 운전을 했는데 골프장에서 교통사고가 났다며 허탈하게 웃음을 지었다.

골프 규칙에서 강조하는 '최대의 즐거움을 얻기 위한' 골프, 바로 그것을 위해 베스트 캐디라면 골퍼들의 안전에 신경을 바짝 기울여야 한다.

# 발품 좀 팔아 보시지요

골프장에 캐디들에게 교육할 때 앙케이트를 받아보면 캐디들이 싫어하는 골퍼 유형 중에 골퍼들이 전혀 생각하지도 못하는 엉뚱한 대답이 나오기도 하는데, 가장 대표적인 것 하나가 '실력은 형편 없으면서 어프로치를 여러 클럽으로 다양하게 하는 골퍼'이다.

즉 고객이 어떤 클럽을 사용할지 모르니까 피칭, 갭 웨지, 샌드웨지, 심지어는 로브웨지까지 너댓 개씩을 가져다 줘야 하는데, 네 사람의 퍼터까지 합하면 그야말로 클럽이 순식간에 열댓 자루나 된다고 한다. 요즈음 크게 유행하는 C사의 웨지는 모두 스틸 샤프트로 무게도 꽤 나가니 캐디들의 어깨가 빠질 지경이라는 것이다. 그래서 캐디들에게 나온 농담이 "그 C모 회사 부도나라"였다고 한다. 그나마 실력이 좋아서 파 세이브라도 하면 시간이라도 덜 걸리는데, 그린 주변에서 연신 뒷땅에 토핑을 섞어, 온탕 냉탕 하면 캐디의 속은 새카맣게 타 버린다는 것이다.

### > 어프로치 메뉴는 간단한 게 좋다

유명한 음식점은 대개 한두 가지 메뉴로 승부를 한다. OO설농탕, XX해장국, YY생태탕 등 주 메뉴 한두 가지만 확실하게 맛있으면 모든 음식점은 대박집이 된다. 요즈음은 덜하지만 과거엔 역 주변 어떤 음식점들 메뉴를 보면 짜장면, 오무라이스, 삼계탕에 부대찌개까지 족히 50가지는 되었다. 그렇게 다양한 메뉴를 모두 다 잘 만들 것이라고 기대하는 사람은 없을 것이다. 매일 같이 코피 터지게 연습을 하는 프로나 선수가 아닌 아마추어 골퍼의 경우에 다양한 클럽을 완벽하게 다룬다는 것은 불가능한 꿈이다. 따라서 골퍼들이 그린 주변에서 클럽 선택을 놓고 우왕좌왕한다면 평소에 즐겨 쓰는 클럽으로 복잡하지 않은 어프로치를 권하는 것이 좋다. 어프로치 메뉴는 간단한 게 상책이다. 중·하급자의 경우에는 어프로치만 간단하게 해도 실수를 줄이므로 몇 타는 쉽게 줄기 때문이다.

몇 년 전에 동호회 후배들과 정기 모임으로 천안 S골프장에서 라운드를 했다. 그 중 두 사람은 나와는 처음 라운드였는데, 모두 라운드 중에 원 포인트 레슨을 받기를 희망했고, 또 한 사람에게는 라운드 후 관전평가서를 만들어 주겠다고 약속한 터라, 나는 경기의 집중도가 떨어질 수밖에 없었다. 레슨을 하면서 관전평가서까지 적어야 하니 전반을 마쳤을 때 타수는 이미 핸디캡을 넘어버렸다. '아, 오늘은 잘 안 되는구나'라는 생각으로 봉사하러 왔다는 마음으로 그냥 즐기기로 결심을 했다.

후반을 시작하기 전에 캐디가 말을 걸었다.

"모임의 회장님이라 레슨하느라고 자기 볼을 제대로 못 치시는 것 같아요. 후반에는 발품을 좀 팔아 보시지요. 세 분은 제가 더 신경을 쓸 테니까요"

캐디는 보는 눈이 예리했다. 그날 나의 롱게임은 그런대로 나쁘지 않았지만, 그린 주변에서는 후배들 플레이를 봐주느라고, 볼의 착지 지점 선정이라든가, 볼과 홀과의 거리 파악 등을 대충하였고 그 결과 마지막 마무리 퍼팅이 빗나가면서 자꾸 보기를 하게 된 것이었다.

캐디의 권유대로 10번 홀부터 그린 주변에서 나의 플

레이에 집중을 했고, 그린을 놓친 경우 어프로치는 매번 발걸음으로 거리를 재확인하고, 또 그린에서의 브레이크와 착지 지점 파악을 직접 다가가서 눈으로 확인했다. 그런데다 운이 좋게도 상당한 거리의 퍼팅이 하나 들어가 주면서 후반은 파 플레이를 할 수 있었다. 그날 캐디가 나에게 건넨 한 마디는 대단히 효과가 큰 보약이 되었다. 그 뒤로 나는 적어도 그린 주변에서는 발품을 더 많이 팔아야 하겠다고 결심을 했다.

# 멀리 치려 하지 말고 길게 치세요

혈기 왕성하던 40대 시절 큰 규모의 시합에서 이따금 롱기스트 드라이브 상을 받은 적도 있어서 늘 자신은 장타자에 속한다고 착각을 한 적이 있었다. '모 아니면 도' 식으로 티샷을 했으니 어쩌다 한 번 제대로 걸리면 지금보다 꽤나 멀리 보냈던 기억이 난다. 그러던 어느날 열 살이나 많은 선배와 라운드할 때 선배의 티샷이 늘 내 것보다 멀리 나갔고, 파 3홀에서 적어도 한 클럽 작은 것을 잡는 것에 자존심이 상해 그 여파로 게임에 질질 끌려 다니고 있었다. 물론 작은 내기도 하고 있었기에 주머니는 점점 가벼워지는 중이었다.

전반 그늘집에서 나오는 데 캐디가 나에게 조용히 한마디를 했다.

"멀리 치려고 하지 마시고 길게 치려고 해 보세요."

처음에는 멀리 치는 것과 길게 치는 것이 무슨 차이가 있고 또 어떤 의미인지 이해가 안 되었는데, 곰곰이 생각해 보니 참으로 엄청난 교훈의 말이었다.

티샷 거리가 뒤떨어지는 것이 싫어서 악을 쓰며 멀리 보내려고 하니 어깨와 근육은 긴장이 되고 오히려 거리나 방향에서 영양가 없는 샷 투성이가 되었다. 파 3홀에서도 짧은 클럽으로 용을 쓰면서 치니 그린에 떨어져도 훅성으로 굴러 넘어가는 게 다반사였다.

티샷에서 멀리 치려고 안간힘을 쓰는 것은 샷의 일관성을 훼손시키는 무모한 행동이다. 차라리 능력에 맞게 거리가 다소 짧더라도 안전한 방향으로 티샷을 하는 것이 플레이를 훨씬 쉽게 풀어가는 첩경이다. 그 대신 세컨샷이나 어프로치샷은 길게 치는 것이 매우 현명한 전략이다. 특히 그린 주변에는 전방에 많은 벙커와 해저드를 배치하고 있어서 샷이 짧은 경우 힘든 곳에 빠져서 전체적인 흐름을 망가뜨리는 경우가 많고, 어프로치와 퍼팅은 짧아서 불필요하게 한 타를 더 낭비하는 것을 흔히 보기 때문이다.

오래 전 일이라 지금은 얼굴도 이름도 기억할 수 없는

캐디이지만 그날 나에게 대단히 좋은 골프 팁을 준 것이라 두고두고 고맙게 생각하고 있다. 퍼팅을 할 때 우리가 흔히 'Never up, never in'이라는 말을 많이 듣는다. '미치지 못하면 들어가지 않는다'는 뜻이라는 것을 웬만한 골퍼들은 다 알고 있으면서도 아마추어 중급자들의 경우 실패한 퍼트의 약 80% 이상은 짧아서 다다르지 못하는 경우이다.

PGA 선수들의 퍼팅은 실패한 경우 대체로 80% 이상은 홀을 지나간 것이고, 시니어인 챔피언 투어에서도 최소한 절반 이상은 지나가는 퍼팅을 한다. 그런데 보통의 아마추어는 약 80%가 짧은 퍼팅이며 어프로치도 지나치는 경우가 드물다. 물론 경사가 심한 경우에 멀리 지나쳐서 내리막 퍼트를 남기게 되는 경우라면 선수들도 다소 짧게 공략을 한다지만, 대개의 경우 아마추어 골퍼라면 오히려 공격적으로 길게 치는 것이 스코어 개선을 하는데 크게 도움이 된다.

그 캐디로부터 좋은 어드바이스를 받은 후 그날 후반 플레이는 아주 만족스러웠고, 그 후 나의 골프 전략에 다음과 같은 획기적인 개선이 일어났다.

- 티샷은 크게 무리하지 않는다.

- 세컨샷은 조금 길게 친다. 대체로 Pin High(깃발을 맞힌다는 마음)가 된다.

- 어프로치는 홀을 지나치게 쳐서 퍼팅을 할 때 라이를 미리 파악하도록 한다.

- 퍼팅은 적어도 뒷벽을 맞고 떨어지는 강도로 홀을 반걸음 지나도록 길게 친다.


캐디들이 조금만 더 노력을 하면 골퍼들에게 아주 큰 도움을 주고 고맙다는 인사를 받을 수 있다. 또 그럴수록 일하는 재미와 보람이 커진다. 나는 농담 같지만 이런 말을 자주 한다.

"작은 고추가 맵다는 말이 있다. 그러나 난 긴 것이 좋다. 가늘더라도 긴 것이 좋고, 회사에서도 길게 장수하는 게 상책이다."

## 25홀

# 빨간구두 캐디씨 어디 가시나?


지난 정부에서 장관급 고위직을 지내다 잠시 백수 (?)가 된 친구 부부와 값싸고 훈련하기 좋은 필리핀의 어느 허름한 골프 리조트에 가서 실컷 운동을 하고 돌아왔다. 고시 합격 이후 관료 생활 30여 년 동안 부부간에 함께 해외여행을 제대로 해 본 적도 없고, 또 휴가다운 휴가를 가져본 적이 없어 부인에게 늘 미안하게 생각한다는 친구의 이야기를 듣고 최근에 부인이 골프에 입문하였다는 사실을 아는 내가 해외 훈련을 제의했고, 친구 부부는 제대로 레슨 한번 받아보자고 흔쾌히 우리 부부를 따라나섰다.

골퍼마다 캐디가 1명씩 서브하므로, 첫날은 네 명의 캐디 중 가장 경험이 많고 유능한 캐디가 친구 부인 C를 맡았고, 대신 캐디에게 별로 도움을 받지 않는 내가 가장 초보자를 배정받았다. C부인의 캐디는 아주 경험이 많은 아줌마로 영어 실력도 유창하여 방향 설정은 물론 웬만한 상황에서는 레슨까지 할 수 있을 정도였다. 작년에 시각장애인 2명과 훈련차 그곳을 방문하였을 때에도 참으로 잘 보조를 하였던 고마운 캐디였다. 라운드가 끝나고 C부인의 플레이를 칭찬하자, 모든 것이 상황을 차근차근 이해가 가도록 설명하며 도와준 캐디 덕분에 좋은 결과가 나왔다고 캐디 칭찬에 끝이 없었다. 라운드 경험은 별로 없지만 여태까지 만나본 캐디 중에서 가장 큰 도움을 준 고마운 캐디였다고 말했다.

반면에 그날 나의 캐디는 전혀 도움이 되지 않는 무개념 초보자였다. 티잉그라운드에서는 바짝 다가와 그림자를 드리우거나 빨간색 신발 코 끝을 보여주기 일쑤였다. 내가 골퍼로부터 조금 떨어져 있어야 한다고 설명을 하자 이번에는 어드레스를 하면 플레이 선상 후방에 서는 것이었다. 무언가 도와주어야 한다는 강박관념에서 날아가는 볼을 더 잘 보기 위해 플레이어의 뒤편에 서는 것으로 이해는 되지만 무척 신경이 쓰이지 않을 수 없었다.

게다가 이 캐디의 어드바이스가 절묘한 타이밍에 원

치 않는 방법으로 제공된다는 것이 나를 괴롭히는 것 가운데 하나였다. 그 코스를 손바닥 보듯이 잘 알기 때문에 거리를 묻지도 않고, 그저 온그린 뒤에 마크한 볼을 닦아주기만 하면 되는데, 또한 혼자 잘 알아서 하니 플레이에 신경이 쓰이지 않도록 떨어져 서 있으면 된다고 했음에도 가까운 곳에서 도와야 한다고 생각한 것 같았다. 내가 퍼팅 라인을 정하고 볼의 로고를 그에 맞춘 뒤 어드레스에 들어갔는데 "왼쪽 조금" 어설픈 한국말로 조언을 하는 것은 차라리 눈물겹기도 했다. 어느 홀에서는 두 걸음짜리 파 퍼팅을 위해 어드레스에 들어갔는데, 골프카를 약 10미터 운전하여 움직인 것이다. 다음 홀까지는 많이 떨어져 있어 중간에 10미터를 당겨 놓는다고 무슨 도움이 된다는 것인지 속이 뒤집어지지 않을 수 없었다. 지켜보기에도 미안했던지 C부인의 캐디가 한 번 따로 불러서 필리핀 말로 교육을 하는 것 같았다.

그러다가 라운드가 거의 끝날 무렵에 아주 희한한 상황이 벌어져 결국은 한바탕 크게 웃고 말았다. 내가 마지막 퍼팅을 하기 위해 어드레스에 들어갔을 때 서 있는 위치를 잘못 선택하였던 캐디가 '반대편에 서 있으면 안 된다'는 생각이 들었는지 퍼팅 라인 반대방향으로 아주 천천히 조심스럽게 걸어서 그린 밖으로 나가는 것이었다. 한밤중에 잠자리에서 일어난 새 신부가 남편이 깨지 않게 발 뒤꿈치를 들고 한 발 한 발 아주 조심스럽게 걸어나가는 바로 그런 모습이었다. 그런 상황이니 퍼팅 어드레스를 하는 나의 눈에는 오랫동안 캐디의 뒷모습과 빨간구두가 눈에 들어왔다. 집중이 깨지는 바람에 퍼팅을 할 수도 없고 그렇다고 마냥 기다릴 수도 없으니 진퇴양난이었는데 결국 퍼팅을 했고 실패하여 보기를 하게 되었다.

그 옛날 유명했던 가수 남일해씨의 빨간구두 아가씨라는 유행가 가사가 생각이 나서 한참 웃었다. "똑똑똑 구두 소리 빨간구두 아가씨, 똑똑똑 구두 소리 어딜 가시나? 한 번쯤 뒤돌아 볼 만도 한데, 발걸음만 하나 둘 세

며 가는지, 빨간구두 아가씨 혼자서 가네……."

빨간구두 캐디씨가 새색시처럼 조신한 모습으로 그린을 떠나던 그 장면을 아마도 평생 잊기는 어려울 것 같다.

내가 기회만 있으면 칭찬하는 골프장 중 대표적인 곳이 베어크리크 골프클럽이다. 시각장애인 골퍼들의 필드 지도차 자주 찾았던 고마운 골프장인데 10대 베스트 코스로 늘 뽑히듯 코스 관리와 운영은 물론 나눔의 선행을 잘하기로도 이름난 곳이다. 제1회 시각장애인골프대회 때 경기부위원장을 맡아준 이석동 팀장과는 그 이후 자주 접하게 되어 캐디의 직무 교육 등에 관해서도 많은 의견을 나누게 되었다. 캐디들에게 도움이 될 책을 출판하겠다는 나의 말을 듣고 이 팀장이 몇 가지 사례를 들려 주었다.

많은 골퍼들은 골프장 캐디가 골프장만을 위해 진행에 신경을 쓴다고 생각하지만, 사실은 좋은 진행 능력은 회사보다도 골퍼들을 위하여 캐디가 갖춰야 할 최고의 덕목이다.

세계 모든 골프장의 큰 고민은 슬로우 플레이인데, 골퍼들도 슬로우 플레이어가 있으면 그 팀은 물론 앞뒤팀, 심지어는 골프장 입장객 모두가 큰 피해를 받게 된다. 좋은 진행은 '항상 다른 플레이어를 배려해야 한다'는 원칙과 '모든 플레이어들이 에티켓을 준수한다면 최대의 즐거움을 얻을 수 있다'는 골프 정신으로 꼭 지켜야 할 규범이다. 나는 시각장애인들에게 "실력이 모자라는 것은 용서되어도 플레이가 늦는 것은 용서할 수 없다. 남에게 피해를 주는 슬로우 플레이어는 차라리 골프를 그만두라"고 강조해 원성을 사기도 했다.

그런 맥락에서 이석동 팀장이 들려준 베어크리크 골프장 캐디 P양의 '진행을 잘 하는 노하우'를 아래와 같이 소개하며, 나의 의견과 해설을 괄호 안에 덧붙인다.


## 1. 부드러움은 강함을 이긴다.

골퍼가 캐디보다 어린 경우는 드물다. 근데 눈을 부라리고 신경질을 내봐야 싸가지 없다는 말만 가슴에 비수처럼 꽂히고 만다. 여자의 강점, 그건 바로 애교.

(목소리 높이는 캐디 말을 고분고분 들어주는 골퍼는 역사

상 단 한 사람도 발견되지 않았다.)

## 2. 넷 중에 한 사람을 노린다.

한 팀이 오면 네 사람 중 리더 격인 사람이 한 사람씩은 꼭 있다(아니면, 제일 잘 치는 사람). 그 사람이 원하는 것 하나를 들어줘라. 그 다음엔 그 사람을 붙잡고 진행을 도와달라 통사정하기.

(한 사람이 도와주면 1캐디 4백이 2캐디 3백으로 된다. 일도 진행도 얼마나 시원해지겠는가?)


## 3. 말은 짧고 간결하게 하라.

듣기 좋은 노래도 한두 번이면 족하다. 빨리 가자는 말을 자주하면 화만 불러일으킨다. 타이밍을 잘 맞추어 이렇게 얘기한다.

"이번 홀만 뛰어주시면 저희가 앞팀을 따라 잡겠습니다."

다음 홀에 앞팀이 보이면, 조용히 그렇지만 손님들이 들을 수 있게 "휴~ 겨우 따라잡았네."

(집에서 바가지 긁히는 남편들에겐 자주 보채는 것이 폭탄. 그 폭탄 터지면 부상당한다.)

## 4. 파 3홀 전이나 그늘집 전에는 절대 서두르지 않는다.

세 번째 이야기하고 비슷한 얘기. 타이밍 잘못 맞춰 파 3홀이나 그늘집 전이면 이건 낭패다. 골퍼 왈 "언니야 밀렸는데 왜 자꾸 빨리 가자고 그래? 응?" 난감하죠?

(파 3홀 티샷은 차분하게 플레이해야 큰 사고 안 치고 빨리 홀아웃할 수 있다.)

## 5. 카리스마를 키워라.

사람이 한없이 좋아 보이면 골퍼는 말을 듣지 않는다. 그렇다고 인상 쓰고 다니라는 것은 아니고 손님에게 하나를 주면 열을 얻어낼 수 있는 의지력을 가져라. 꼭 "내가 아니면 넌 절대 버디 하나도 낚을 수 없다"는…….

(내공이 깊고 실력 있는 캐디는 아무 말하지 않아도 카리스마가 있다. 내공부터 쌓아라.)

## 6. 매 홀을 처음 만난 사람처럼 대하라.

전 홀에 이 사람이 내 말을 안 들었다고 가슴에 별 그리지 말 것, 그게 쌓이면 당신 몸에 암 덩어리가 쌓이고 클레임에 마음 상해서 오래 못한다. 캐디는 머릿속에 지

우개를 가져라.

(도저히 초심으로 돌아가지 못하겠다면, 마지막으로 볼 사람이니 사랑으로 대하여 주라.)

### 7. 솔직해라.

협박하지 말고 내가 처한 상황을 잘 설명해라. 벌당 이야기도 좋고 아프신 아버지 이야기도 좋고 소녀가장 이야기도 좋고 서로에게 약간은 인간적인 걸 기대해 보는 것도 나쁘지 않다.

(골퍼는 실력이 있으면서도 솔직하고 겸손한 캐디를 제일 존중하며 잘 도와주고 싶어한다.)

27 홀

# 골퍼를 살리는 캐디들의 노하우

'대중골프장이 많아져야 골퍼들이 저렴한 비용으로 행복한 골프를 즐길 수 있다'고 외치는 군산 컨트리 클럽의 초청으로 그곳에서 캐디들에게 특강을 한 적이 있다. 특강 시작 전에 대표이사는 이렇게 강조했다.

"우리 골프장이 대중화에 앞장을 섰습니다. 그린피는 물론 식음료도 편의점 수준으로 내렸습니다. 그러나 가격만 내린다고 다 해결되는 것은 아닙니다. 이제는 최고의 캐디 서비스와 좋은 문화를 함께 팔아야 경쟁력을 높일 수 있습니다."

정말로 골퍼들이 듣고 싶어하는 이야기라서 얼마나 반가웠는지 모른다.

다른 골프장에서도 그랬지만, 군산 컨트리 클럽 캐디

200여 명이 특강 내용 중에 가장 관심을 보인 항목이 어떻게 진행을 매끄럽게 하면서 골퍼 4명에게 좋은 서비스를 할 수 있느냐는 것이었다. 골프란 것이 참 묘한 것이라 때로는 친구 넷이 1번 홀을 출발했다가 18홀 그린에서는 원수로 변해 있는 경우도 있고, 이럴 때 특히 애꿎은 캐디가 동네북처럼 얻어맞는 경우가 허다하다. 또한 골퍼마다 스타일이 각양각색이니 때로는 어느 장단에 춤을 춰야 할지 막막할 경우도 있다.

1캐디 4백으로 완벽한 서비스를 할 수 있는 캐디는 지구상에 존재하지 않는다. 나는 '1캐디 2백을 잘하는 것은 기술이지만, 1캐디 4백을 잘 한다면 그것은 예술이다'라고 말한다. 그만큼 한국 골프장의 캐디 역할이 힘들다는 것을 의미한다. 더구나 골퍼들 모두가 초보자라서 중구난방으로 샷을 해대면 볼 위치 파악을 하는 것만도 예사 일이 아니다. 거기에다 기록원에 내기 골프 경리 업무까지 시키니 어찌 1인 5역을 잘 해낼 수 있겠는가?

그래서 나는 2캐디 3백으로 전환하는 현명한 방법을 권한다. 2캐디 3백이란 캐디가 골퍼들 중에서 한 사람을 자기 편으로 끌어들여 진행에 도움을 받게 되면, 결국 캐디와 협력자 둘이서 나머지 골퍼 3명을 서브하는 상황이

된다는 뜻이다. 실제로 이 협력자는 캐디의 충실한 조수로서의 역할을 감당해 준다. 따라서 일이 훨씬 수월해지며 다른 골퍼들에게 조금 더 집중을 하여 서브함으로써 서비스의 수준을 높일 수 있게 되는데, 다음과 같은 순서와 방법으로 실행해 보기를 권한다.

1. 골프장을 자주 찾아오는 로우 핸디캐퍼를 조수 대상자로 결정한다.
2. 첫 몇 홀에서 별로 질문이 없고 그린에서 볼을 직접 놓는 상급자 골퍼를 대상으로 정한다.
3. 플레이가 화려하나 부침이 심한 강타자 형이나, 기

골퍼의 Playing Style 연구(캐디의 내 조수 찾기)

Swashbucker(강타자)　　Technician(기술자)

존 댈리　　　　　　　비제이 싱

필 미클슨　　　　　　잭 니클러스

Stylist(기교파)　│　Strategist(전략가)

교파 형의 골퍼는 분위기 메이커로는 좋지만 들쭉날쭉하는 스타일 때문에 진행에는 크게 도움이 되지 못한다. 그래서 플레이가 화려하지는 않지만, 또박또박 치는 기술자 형이나 안전 루트로 확률 골프를 치는 전략가 중에서 대상자를 택한다(옆의 사진 참조).

4. 클럽 구성을 보면 대체로 핸디캡과 스타일을 파악할 수 있는데, 조수 대상자의 클럽을 카트 운전석 대각선 쪽 사이드로 배치하여 본인이 클럽을 빼고 넣고 하기 편리하도록 한다.

5. 캐디 조수로 선택된 골퍼에게 알려 주거나 부탁할 사항이 있으면 다른 사람이 듣지 못하게 조용히 부탁하거나 말한다. 조용한 부탁이 훨씬 설득력이 높다.

6. 조수로 임명된 골퍼에게는 특별히 차분하게 집중하여 플레이할 수 있도록 배려한다. 대개 이런 성향의 골퍼들은 자기 자신의 플레이를 잘 하기 위하여 적극적으로 동반자들을 도와주는데, 티잉그라운드나 그린에서 플레이 선을 침범당하거나, 또는 프리샷 루틴이 방해를 받게 되면 자신의 선의가 무

시당한다고 불쾌하게 생각하여 협조를 거부하게
된다.

7. 라운드가 끝나면 잘 도와준 것에 감사 인사를 한다.
이런 감사의 인사를 들은 골퍼들은 다른 곳에 가면
또 잘 도와주고, 결국 동료 캐디는 물론 자신을 위
하는 길이 되는 셈이다.

# 골퍼를 살리는
## 사랑의 캐디

## 28홀

볼에 물파스 발라주는 캐디를 보셨나요?

추위가 덜 가신 3월 초 수원골프장에서 고교 동기생들과의 모임이 있었다. 동기회 골프회장을 맡고 있는 S사장은 만능 스포츠맨으로 체격도 당당하고 파워도 대단히 좋으며 볼을 치는 스타일도 매우 강력하다. 반면에 모 방송 C회장은 스윙이 깔끔하고 방향성이 뛰어나며 숏게임이 좋은 골프 기술자이고, 참여 정부에서 장관을 지냈고 새 정부출범과 함께 교수로 변신한 K는 무리수를 두지 않는 모범 골퍼인데, 나는 비록 엉성한 스윙 폼이지만 성공확률에 따라 볼을 치기에 편차가 별로 없는 자타가 공인하는 전략 골퍼였다. 그래서 핸디캡은 큰 차이가 없으나 스타일이 무척 다른 우리는 엎치락뒤치락 우열을 가리기가 힘들어 경기를 하고 있는 동안 내내 재미가 더해졌다.

그날 우리는 과거 어느 때보다도 라운드를 즐길 수 있었는데, 그것은 우리가 만난 캐디의 재치 있는 서비스가 크게 한 몫을 하였기 때문이다. 주중에도 단체팀 라운드를 하면 족히 30만 원 이상의 고비용이 드는 데도 그날만큼은 실컷 웃기도 하고 즐거워서 돈이 아깝다는 생각이 전혀 들지 않았다.

첫 홀 그린의 상태가 그리 좋지 않았다. 얼었다가 녹은 탓인지 그린의 표면도 매끄럽지 않았고, 그린의 속도도 매우 느렸으며 또한 부분적으로 일정하지도 않은 것 같았다.

"어? 그린이 왜 이렇지?"

첫 퍼팅에 만족하지 못했던 일행 모두가 못마땅하고 이야기하자, 캐디가 이렇게 재치 있게 대답했다.

"실력 좋으신 분들이 그냥 참으세요."

우리는 그냥 웃을 수밖에 없었다.

"허, 허, 허."

3번 홀은 그린 앞에 해저드를 신설하느라고 그린을 제외한 모든 지역에 공사를 하고 있었다. 그래서 온그린이 되지 않으면 1타를 더하고 인접 그린에 플레이스한 후에 3타를 치라는 웃기는 임시 로컬룰을 정해 놓았고, 우리 일행은 "온그린이 되지 않아도 얼마든지 어프로치로 붙여서 파를 잡을 수 있는데 플레이어에게 불리하게 만들어 놓은 로컬룰을 이해할 수 없다"고 불평을 했지만, 티잉그라운드 옆에 설치해 놓은 커피를 한 잔씩 돌리며 "제 이쁜 얼굴을 봐서⋯⋯"라고 말하는 캐디의 재치 때문에 또 웃고 넘어갔다.

연속 파를 잡아 아너인 S사장의 티샷은 빗나간 방향으로 날아갔는데 공사 현장의 돌에 긁혔는지 표면이 조금 상했다. 그러자 캐디 오상숙양은 아주 재미있는 행동을 했다. "아이고 볼이 많이 아팠겠다. 치료해 줘야지." 하며 물파스를 발라 닦아 주었다. 엉터리 로컬룰에 따라 1타를

먹고 그린 위에 올려놓은 S사장은 10미터가 넘는 퍼팅을 성공하여 파를 세이브할 수 있었고, 그는 그 기세를 몰아 그날 참석자 16명 중 베스트 스코어를 기록했다.

골프 경력 20년의 나는 볼에 물파스를 발라주면 방향도 똑바로 잡힌다는 엄청난 사실을 처음으로 알게 되었다. 이 말은 결코 농담이 아니다. 볼에 바른 물파스, 코미디 같은 행동인지는 몰라도 그로 인해 나쁜 기억을 털어내고 편안하고 즐거운 마음에서 플레이를 할 수 있다면 성공 확률이 높아지기 때문이다. 바로 그래서 골프는 심7기3이라고 말할 수 있다.

5번 170야드 파 3홀에서 온그린시킨 나는 2미터 내리막 훅 경사의 버디 찬스를 맞았다. 여간해서 캐디에게 그린의 경사를 묻지 않는데 처음으로 캐디의 의견을 물었다. 그런데 그녀의 답변이 아주 재미있었다.

"제 개인적인 생각으로는 바로 이 지점을 보셔야 할 것 같은데……."

나는 즐거운 마음으로 이렇게 말했다.

"그 개인적인 조언에 감사하고, 이 버디 퍼팅을 성공하면 기념으로 지금 쓰는 김미현 프로 사인볼을 개인적으로 선물할게요."

물론 버디는 성공했고 개인적인 약속대로 볼을 선물했다.

볼에 물파스를 발라 준 캐디의 재치 있는 서비스는 만날 때마다 우리들의 입에 오르내렸다.

행복한 골프였고 좋은 추억이었다.

# 좋은 캐디는 그린에서 돋보이고

3월 중순 어느날 이른 아침 성남 뉴서울 골프장을 찾았다. 겨우 언 땅을 면한 페어웨이는 그저 누런 들판이었고 시즌이 멀지 않았다고 여기기에는 아직도 썰렁한 기운이 겨울 끝자락에 남아 있는 것 같았다. 그렇지만 그날 우리 일행은 화기애애한 분위기에서 즐겁게 볼을 칠 수 있었다. '그날의 골프는 캐디하기 나름'이라는 말이 실감나는 하루였다.

북코스 10번 홀에서 시작한 나는 두 홀을 계속 파를 잡으면서 그런대로 좋은 흐름으로 플레이했다. 그러나 세 번째인 파 3의 12번 홀 티잉그라운드에서 마땅치 않은 일이 하나 생겼다. 아주 조그만 인조 매트를 티잉그라운드에 덜렁 올려놓고 그곳에서 티샷을 하라는 것이었다. 더구나 인조매트에는 티를 꽂을 홈이 있었지만, 티를 바르게 세우기가 아주 불편해서 쭈그리고 앉아 여러 번 만에 볼을 올려놓을 수 있었다. 티를 꽂다가 리듬이 흐트러진 나는 티샷을 실수했고, 어프로치도 그다지 좋지 않아 원퍼트로 막지 못해 보기를 기록했다. 이후 파보다 보기가 많은 졸전을 계속 벌리게 되어, 전반을 마치고 나니 이미 핸디캡은 완전히 소진되었다. 그나마도 퍼팅을 쾌적하게 하도록 배려를 한 캐디의 도움이 있어 원퍼트가 4개나 있었던 것이 다행이었다. 짧은 퍼트를 남겨 놓았을 때 캐디 정미연양이 이따금 건네는 "이번에도 잘 하실 겁니다"라는 한 마디 덕담은 나에게 매우 긍정적인 생각을 갖게 해주었다. 아놀드 파머 선수의 '퍼팅의 성공 여부는 퍼터 헤드가 아니라 휴먼 헤드에 달려 있다'라는 말처럼……

후반에 160미터짜리 파 3홀에서 나는 온그린되었으나, 나머지 세 사람은 모두 짧아서 온그린에 실패했다. 골프카트를 운전하던 캐디 정양은 온그린에 실패한 동반자들에게 "그린을 보고 가셔야죠"라며 그린 후방까지 차를 몰고 가서 홀의 위치 그리고 착지 지점과 그린의 경사를 파악하도록 가이드했다. 그 홀에서 캐디의 좋은 서비스에 화답하듯이 모두가 파를 세이브할 수 있었다. 좋은 리듬을 타기 시작한 나는 그 다음 홀에서 버디를 기록했고, 이후 보기보다 파가 많은 플레이를 즐길 수 있었다.

비가 내리는 주말 아침 비슷한 시간에 군 골프장에서 라운드를 했다. 평생 처음 골프장에서 만나는 장군, 장교들과의 라운드라 조금은 어렵고 조심스러운 분위기였다. 두 번째 홀에서 짧은 파 퍼팅을 할 때 캐디가 부주의로 반대편에서 움직여 방해가 되었고, 나는 퍼팅에 실패했다. 온그린 후에는 볼 닦아 주는 것 외에는 아무것도 시키지 않는 나에게 캐디는 생각 없이 계속 방해가 되는 행동을 했다. 반대편 라이에서 움직이고, 어드레스를 하고 있는 데도 홀 맞은편에서 다른 동반자의 볼을 놓아주는 것이었다.

캐디가 참 야속했다. 조용히 불러서 설명을 해 주었는데도 개념이 없어서인지 전혀 개선이 되지 않는 것이었다. 어려운 자리가 아니라면 큰소리로 야단이라도 쳤을 텐데 그러지도 못하고 답답한 마음으로 18홀 플레이를 하니 나중에는 가슴이 꼭 막힌 듯한 기분이 들었다.

최근에 대통령이 관광수지 적자의 사례로 해외 골프를 이야기했다. 이미 몇몇 골프장에서는 그린피 내리기,

카트비 인하를 검토하기 시작했다. 아마도 머지않아 캐디도 자율적으로 선택하는 골프장이 생기게 될지도 모른다.

서양에 가면 골프장마다 아주 적은 수의 캐디들이 있다. 그들의 보수는 상당히 높은 편인데 고액의 캐디피를 지불하면서도 골퍼들은 대체로 만족한다. 왜냐하면 그들은 골프 실력이 뛰어나서 필드에서 과외 공부 선생님의 역할까지 할 수 있기 때문이다. 또한 어려운 그린의 경사를 손바닥처럼 읽고 있으며 플레이어의 퍼팅 볼 스피드에 따라 경사도를 안내하는 실력자들이다.

흡족한 라운드를 마친 골퍼들에게는 고액의 캐디피가

결코 문제가 되지 않는다. 반대로 만족하지 못한 골퍼에게는 소액의 캐디피도 무척 아깝게 여겨진다. 실력 있는 캐디, 또 골퍼들에게 도움이 되는 캐디만이 골퍼들로부터 존중과 좋은 대접을 받을 수 있다.

## 30홀

**골퍼를 살리는 캐디의 '멀리건, 몰건, 물리건?'**

많은 골퍼들을 만나보면 골프장이 얼마나 아름답고 레이아웃이 얼마나 잘 되어 있느냐보다 그들에게 몇 배 더 중요한 사항이 오늘 배정받을 캐디가 어떤 캐디이냐라고 한다. 90대 중반을 친다는 어떤 골퍼는 "캐디에 따라 스코어가 5타는 왔다 갔다 하지요"라고 말했다.

'골프는 자연과의 싸움이다.'

'골프는 자신과의 경쟁이다.'

골퍼들은 이런 말들에 고개를 끄덕인다. 그렇다면 캐디는 어떨까? 캐디는 '골프란 진행과의 전쟁이다'라고 말할 것이다. 모든 캐디들은 골퍼가 주체이고 캐디는 골퍼들을 위해 서비스를 제공하는 경기보조자란 사실을 늘 염두에 두고 있다. 그럼에도 불구하고 진행과의 전쟁으로 인해 때로는 유격 훈련장의 빨간모자 조교처럼 야멸차게 몰아세우게 되고 골퍼들과의 불화가 생기기 십상이다. 진행이 물 흐르듯 좋으면 골퍼와 캐디가 다툼이 생기는 일은 아주 드물다.

골프 규칙 제1장 에티켓 조항에는 '골프 게임을 할 때 지켜야 할 예의에 관한 지침을 규정하고 모든 플레이어들이 이를 준수한다면 최대의 즐거움을 얻을 수 있다'고 명시하고 있으며 가장 중요한 원칙은 코스에서 항상 다른 플레이어를 배려하는 일이라고 밝혔다. 상대적으로 진행 스트레스가 적은 외국 골프장도 '슬로우 플레이는 만인의 적'으로 경계하고 있다.

아주 오래 전 나는 어느 캐디에게 '귀하는 골퍼를 살리는 캐디'라는 칭호를 주었다.

접대 골프로 아주 초보자인 거래처 손님을 초청하였던 터라, 캐디에게 사전에 특별한 부탁을 했다. 진행에 잘 협조하겠으니 초보 손님에게 집중하여 서브해 달라는 것이었다. 동반했던 두 골퍼는 모두 상급자로서 매너도 좋아 협조가 잘 되었다. 초보 손님을 제외하고는 플레이도 빠르고 나와 한 골퍼는 평소처럼 티샷과 세컨샷을 연습 스윙 없이 신속하게 쳤고, 온그린되면 본인이 마크하고 직접 놓고 퍼팅을 하니 진행에 문제는 없었다.

싹싹한 캐디가 초보 손님을 확실히 대접하며 서브를 했다. 그의 티샷이 엉망이면 '멀리건' '몰건' '물리건'을 외치며 다시 한 번 치도록 배려했다. 멀리건이란 친선 게임에서 주로 첫 홀의 티샷이나, 운전을 해 준 고마운 동반자에 대한 배려로 큰 실수의 샷을 타수에서 빼주는 것인데, 이 캐디는 초보 고객을 위해 물에 빠지면 '물리건'을, 어디로 갔는지 잘 모르겠으면 모르겠다고 '몰건'을 외치고 멀리 숲속으로 사라지면 멀리 갔다고 '멀리건'을 외쳐서 기운을 북돋아주었다.

한 홀에서는 필드하키 플레이하듯 계속 토핑을 하여 어렵게 온그린한 후 퍼팅을 했는데 홀에서 약 2미터 떨어졌고, 그 퍼팅을 놓치면 더블파가 될 상황이었다. 뒤팀인 우리가 홀아웃하기를 기다리고 있던 터라 '기브'라고 말하자, '퍼팅을 탁 넣어서 멋진 모습을 보여주고 싶지만, 진행상 할 수 없이 오케이를 받습니다'라고 말해 함께 웃었다. 그날 고객은 감동을 받고 얼마나 고마워했는지 모른다.

아무리 골프가 지구상의 부자 나라에서 부자들만이 즐기는 고급 스포츠라고 하지만, 골프장을 찾는 모든 골

퍼들이 정신적으로나 경제적으로 모두 여유 있는 사람들
이라고 말할 수는 없다. 20년도 넘었지만 어느 큰 회사 회
장이 투신 자살을 한 적이 있다. 그때 그분은 정치적인 일
로 회사와 함께 신문에 오르내리는 등 정신적으로 무척
힘든 생활을 하고 있었는데 투신한 그날 낮에 친지 몇 사
람과 어울려 플레이를 하던 중 사소한 다툼이 있었다는
말을 들은 적이 있다. 만약 그분이 그날 행복한 골프를 했
었다면 혹시 상황이 달라지지는 않았을까 하는 생각을 해
본 적이 있다.

혼자서 골퍼 넷을 서브하는 캐디에게 많은 것을 기대할 수는 없지만, 마음먹기에 따라서는 골퍼들의 기를 살려주는 고마운 행복 전도사가 될 수도 있다. 베어크리크 GC 캐디 강양이 사례발표로 쓴 글 한 줄이 마음에 와 닿는다.

"내가 다른 사람에게 기쁨을 주었다는 게 내 직업에서의 가장 큰 매력이라고 생각한다. 그래서 난 내일의 라운드가 기대된다."

## 31 홀

# 캐디도 경쟁력을 길러라

어느 골퍼가 골프 포털 사이트 게시판에 올린 글이다.

"……저는 평소 한국 골퍼들이 너무 캐디에 의존하고, 캐디들이 4명의 골퍼를 그렇게까지 서브하는 것은 한국의 우수한 여성이기에 가능하다고 평소 생각하였습니다. 그런데 근자에 들어 점점 캐디 없이 골프가 가능한 옵션을 제공하는 것이 우리 골프장이 개선해야 할 시급한 과제라고 생각하게 되었습니다. 물론 캐디 개인의 문제가 아닌 골프장 운영상 구조적인 문제이겠지만 골퍼에 대한 서브가 주 목적이 아니라 진행의 편의를 위한 목적임에도 캐디피를 골퍼들이 부담하는 현재의 시스템은 후진적인 한국 골프문화의 대표적인 경우라고 생각합니다. 더 이상 캐디 때문에 즐거워야 할 골프가 망쳐지는 일이 없었으면 합니다. 그 해결책으로는 캐디의 동반여부가 당연히 골퍼의 선택사항으로 되어야 하고요……."

외국에서는 별로 문제가 되지 않는 캐디가 우리나라에서는 끊임없이 구설수의 대상이 된다. 그것은 골퍼들 생각에 캐디는 골프장을 위해 있는 진행담당 직원쯤으로 여겨지는데, 고액의 캐디피는 물론 웬만한 골프장에서는 그들의 식음료 비용까지 고스란히 골퍼들의 부담으로 넘기기 때문이다. 어느 골퍼는 '하루 스무 시간 고생해 10만 원도 안 되는 수입을 쥐는 택시 기사와 비교해도 캐디피는 너무 비싸다'고 불만을 터뜨린다.

따지고 보면 캐디들은 구조적인 문제점의 희생양이기도 하다. 골프장마다 골프카를 앞다투어 도입하고 골퍼당 평균 2만 원 이상의 요금이 들기 때문에 골퍼들은 비싼 그린피 외에도 적지 않은 비용이 추가되니 자연 그 볼멘소리를 캐디가 들을 수밖에 없게 되는 것 같다. 억울하기야 하겠지만, 현실적으로 골퍼들이 캐디에 대하여 불만들이 커지고 있으니 캐디 자신들이 서비스 향상으로 스스로 경쟁력을 기르는 것이 불가피하다.

얼마 전 모골프장에서 후배와 라운드했다. 처음 세 홀 연속 파를 하고 네 번째 홀에서는 짧은 버디 퍼팅을 남기고 있었다. 그런데 홀 반대편으로 나보다 조금 가까이 퍼팅을 붙인 K씨의 볼을 캐디가 놓고 있었다. "버디 퍼팅이라고 자기가 먼저 파 퍼팅을 하려나 보다"라고 생각하였는데, 볼을 놓고도 한참 동안 K씨는 어드레스할 의사가 없었다. 한참을 기다리다 "제가 먼저 할까요?"라고 묻자 캐디가 그렇게 하라고 했다. 너무 오래 기다린 탓에 그만 프리샷 루틴이 깨어졌고, 버디 퍼팅은 실패했다. 캐디의 부주의한 서비스에 무척 섭섭한 기분이 들었다.

다음 홀에서는 파 퍼팅을 위해 어드레스에 들어가려는데, 홀 반대편에서 캐디가 또 동반자의 볼을 놓고 있는 것이었다. 그래서 나는 캐디에게 플레이어가 어드레스에 들어갈 때 홀 반대편에 볼을 놓는 것은 적합하지 않은 행동이라고 설명했고, 캐디는 별 반응 없이 자리를 비켰다. '도와주지는 못할 망정……' 이런 섭섭한 생각이 들었고 그 파 퍼팅 역시 실패하여 보기에 그쳤다. 그 후 퍼팅감이 떨어지며 비슷한 퍼팅을 번번이 놓치게 되었다. 그리고는

마음을 달래지 못한 이유로 파 플레이가 보기 플레이로 급속히 망가져 버렸다. 비록 골프는 모든 게 플레이어의 책임이라고는 하지만, 캐디로부터 이런 섭섭한 서비스를 받고 보니 은근히 속이 끓어오르며 그녀가 얄밉다는 생각까지 들었다.

좁은 그린 위에서는 모두가 예민해진다. 이곳에서는 캐디들이 더욱 세심한 주의를 기울여 골퍼들을 서브해야 한다. 250야드 드라이빙샷과 1mm 빗나간 퍼팅이 똑같이 한 타이고, 프로들의 우승과 아마추어들의 베스트 스코어는 퍼팅 결과에 달려 있기 때문이다. 그래서 나는 캐디들에게 교육을 할 때면 다음의 사항을 확실히 강조한다. 골프 고비용 시대에 경쟁력을 갖춘 캐디가 되기 위하여 꼭 명심했으면 좋겠다.

1. 퍼팅 순서를 특별히 잘 지키도록 서브하자(프리샷 루틴을 깨지 않도록).
2. 홀의 반대편에는 절대로 볼을 놓지 말자(신경 쓰이지 않게 하자).
3. 어드레스시 그림자를 드리우거나, 카트를 움직이지 말자(집중을 깨지 말자).

## 32 홀

### 예쁘기만 한 캐디공주는 싫어요

　　어느 골프 사이트 아마추어 논객이 쓴 글의 제목이 '나는 예쁜 캐디를 원하지 않는다'였다. 얼굴만 예쁘지 아무것도 할 줄 모르는 캐디와의 라운드는 차라리 캐디가 없느니만 못하다는 이야기였다. 얼마 후 그 골프장을 찾았을 때 그녀로부터 인사를 받았지만 결코 다시 부르고 싶지 않았다는 그의 사례는 비록 우리나라 이야기는 아니었지만, 아마도 우리 골프장에 전하는 메시지이기도 하다는 생각이 든다.

　　고가 회원권 골프장에 가 보면 몇몇 캐디들은 예쁜 공주 신드롬에 걸려 있는 것 같다. 그리고 그곳 대부분의 캐디들은 학력이 높고 인물이 좋으며 타 골프장에서 근무한 경력이 전혀 없다는 것과 프라이드가 매우 강하다는 공통

점을 쉽게 발견하게 된다. 골프장 측이 새로 참신한 캐디를 뽑아 처음부터 잘 훈련시켜 고객 만족을 도모해 보겠다는 뜻으로 해석되지만, 실상은 골퍼들의 진정한 바람과는 거리가 멀다. 예절 교육은 열심히 시킨 것 같지만 그들 대부분은 골프 전략이나 기술 또는 경기 보조에 필요한 식견은 부족한 점이 많다. 그것은 근무 경험이 적어 내공을 쌓을 시간이 부족했기 때문이고, 또 오래된 골프

장에서 엄마 캐디(캐디의 사수)로부터 신참 캐디가 실전을 통해 전수받는 노하우 같은 것을 취할 방법이 없기 때문이다. 게다가 '예쁘면 다 용서되고 다 해결돼'라는 미모에 대한 자부심이 예쁜공주 캐디의 신드롬을 일으키는 것이 아닌가 한다.

자칭 명문이라는 신흥 골프장은 티타임 간격이 다소 여유 있고, 손님들이 붐비지 않아 캐디 입장에서 보면 일반 골프장보다 일의 횟수가 적어 상대적으로 소득이 떨어진다. 그것을 만회하기 위해 골프장에서는 타 골프장 보다 1~2만 원의 높은 캐디피를 책정한다. 따라서 비회원들은 모든 게 비싼 골프장에서 경기 보조도 잘못받으면서 캐디피만 더 내야 한다는 불만이 싹트게 되는데 바로 이런 현상 때문에 급기야는 캐디 없이 플레이할 수 있도록 요구하는 목소리가 커지고 있다. 그러나 아직도 많은 골퍼들은 수준 높은 캐디 서비스를 받으면 십만원 수준의 캐디피가 절대로 아깝지 않다고 말하며 미모보다는 실력과 자세를 먼저 갖추라고 주문한다.

내 골프 역사상 가장 뛰어난 캐디로 기억되는 H씨는 아마도 지금은 40을 바라보는 나이가 되었을 것이다. 그 당시 이미 아기 엄마였던 그녀는 수더분한 인상의 보통

아줌마 캐디였는데, 전반 9홀에 핸디캡을 다 치고 졸전을 벌이던 나에게 조심스럽게 조언을 해 주었다.

"회원님, 오늘은 벙커 때문에 흐름이 많이 끊기셨네요. 프로들도 벙커에 빠지면 파 세이브를 잘 못하더군요. 후반에는 벙커를 피해 다녀 보시죠?"

전반에 스윙감은 그리 나쁘지 않았는데, 계속 벙커를 방문하며 연속 보기를 한 것을 캐디가 안타깝게 생각하고 지적해 주었다. '후반에는 벙커를 멀찌감치 피해서 무조건 안전 루트를 택하자'라고 마음을 비운 후에는 후반 9홀에서 나는 +1의 좋은 성적을 이뤄 결국 70대 스커어를 기록할 수 있었다.

그날 그 캐디와의 라운드는 당일뿐 아니라, 나의 골프 전략에 엄청난 도움이 되었다. 그린 옆의 벙커에 빠졌을 때, 1퍼트로 파 세이브할 확률은 1/핸디, 즉 핸디 18골퍼는 1/18 정도, 핸디 30의 골프는 1/30, 그러니까 1년에 한 번 정도의 낮은 확률이다. 그래서 그 이후 나는 일단 벙커를 확실히 피한 지점에 복표를 설정하고 플레이를 하기 시작했다. 특별히 처음 세 홀에서는 무조건 벙커를 피해 다니는 습관을 길렀다. 약 20년 전에 고교 선배 K사장은 나에게 "젊은이가 용기가 부족하다"고 핀잔을 주기도 했다.

그로부터 몇 년이 지난 후 어느 공식 모임에서 K선배를 만났는데 그가 우승을 했다. 그래서 우승 축하 인사와 더불어 우승 소감을 묻자, K선배는 이렇게 대답했다.

"응, 오늘은 벙커를 피해 다녔지."

선배의 우승 소감을 들으면서 나는 캐디 H씨가 말했던 그 장면이 기억났다.

"벙커가 깊어요. 빠지면 죽음이니까 아예 반대편으로 멀찌감치 겨냥하세요."

나쁜 캐디는 상처를 남기고 좋은 캐디는 명언을 남긴다.

## 33 홀

회사에서 사랑받는 캐디가 골퍼를 아낀다

좋은 퍼블릭 골프장 1위로 뽑힌 베어크리크골프장에서 얼마 전 캐디 직무교육 특강을 했다. S사장과 경기팀장으로부터 부탁을 받았는데, 그 분들이 골퍼들을 위해서 마음을 써 주는 것이 무척 고맙게 여겨졌다.

"특강의 핵심은 골퍼가 원하는 캐디상에 역점을 두셨으면 좋겠고, 코스 공략법을 포함하여 기술적인 것까지 실제로 필드에서 골퍼에게 도움이 되는 캐디가 되게 계발하고 발전해 나가는 길을 지도하여 주시기 바랍니다."

이렇게 골퍼와 캐디들을 위하는 골프장에 교육하러 가거나 볼을 치러 갈 때에는 무척 신이 난다. 사랑을 받는 사람은 남을 더 사랑하고, 상처가 많은 사람은 공격적인 것처럼, 회사로부터 잘 대접받고 존중받는 캐디들은 골퍼들에게 더욱 좋은 서비스와 고객 사랑을 베풀기 때문이다. 이런 곳에서는 밤늦은 교육 시간이라 고생스러울 텐데도 캐디들의 수강 열의는 뜨거워 예정 시간을 훨씬 넘어서까지 진행되기도 한다.

강원도 모골프장에 갔더니, 현관에서 캐디들이 대기하고 있다가 차 트렁크에서 무거운 골프백을 일일이 꺼내는 것이었다. 세계 어느 골프장에서도 여자 캐디들이 무거운 백을 차에서 끌어내는 경우는 찾아보기가 힘들다. 직무상 꼭 해야 하는 일이 아닌 것까지 시킨다는 것은 캐디들에게 적절한 처우를 하지 않는다고 보여진다. 적합하지 않은 일을 시키면서도 정작 필요한 직무교육에는 별로 투자를 하지 않는 것 같았다. 캐디가 친절하려고 노력은 했지만 카트 정차 지점을 잘못 정하는 등(카트 도로의 배치도 그리 잘 된 것 같지 않았다) 여러 가지로 교육부족이 꽤 많이 보여 한 마디로 수준 낮은 골프장으로 여겨졌다.

지금은 많이 고쳐졌기를 바라지만, 벽제의 9홀짜리 퍼블릭 골프장에서는 골퍼들이 이따금 뒤팀에서 친 볼을 맞고 부상을 입는 경우가 있었다. 그래서 스포츠 신문기사에 철모를 쓰고 플레이해야 한다는 농담까지 들었던 그 골프장의 캐디들은 당시 많은 스트레스를 받았다. 물론 현관에서의 골프백 내리기는 당연히 캐디들의 몫이었고, 사주는 오로지 '빠른 진행'만을 외쳤으며 캐디들은 골퍼들을 소, 닭 몰듯이 재촉하며 그린에 앞팀이 있건 말건 눈대중으로 괜찮을 것 같으면 볼의 위치에 상관 없이 비거리가 짧은 사람부터 세컨샷을 쏘게 만들었다. 캐디들은 마음이 불편하지만, 차마 사주의 뜻을 거역하기 어려워 골퍼에 대한 서비스가 아니라 늘 숨막히는 진행과의 전쟁을 벌였다. 또한 여름철이면 간식비 밖에 안 되는 일당을 받고 간이 그늘집에서 막걸리와 오뎅을 파는 주모로 차출되기도 했다.

그 골프장에는 다른 골프장에서 근무하던 경력자도 꽤 있었지만, 자기의 직무 서비스 능력을 배양할 여건과 분위기가 만들어지지는 않았다. 개인적으로 만나보면 모두가 훌륭한 인격자들이었지만, 집단으로는 한 통 속에 있는 게들을 연상시켰다. 게들을 잡아서 한 통에 넣어 놓으면, 오랜 시간이 지나도 한두 마리는 잃어버릴지언정 대부분은 그대로 남아 있는다고 한다. 밖으로 나가려고 해도, 다른 놈이 꼭 뒷다리를 잡아 꼼짝 못하게 하기 때문이다. 결국 전문가 캐디로서의 자기 계발은 힘들고, 회사로부터 제대로 대접받지 못하는 캐디들은 상처가 많아

서인지 골퍼들과 자주 충돌했고, 또 골퍼들로부터 무시받는 악순환이 계속되었다.

요즈음은 골프장마다 최상의 서비스를 제공하려고 노력한다. 이제는 시설만 가지고 영업하던 시대는 지나가는 것 같다. 좋은 고객들을 확보하기 위하여 좋은 서비스를 제공해야 하는데, 그 중에서 캐디의 서비스는 아주 중요한 항목이다. 과거부터 해온 친절 교육도 계속되어야 하겠지만, 세계에서 가장 고비용으로 골프를 하는 불쌍한(?) 고객들을 위해서라도 골프장에서는 캐디들을 사랑으로 대접하고, 또 좋은 서비스를 제공하도록 직무교육을 잘 시켜 주기를 바란다.

"제가 사비를 들여서라도 선생님이 하신 그런 강의를 정기적으로 들을 만한 곳이 없을까요?"

캐디들로부터 가끔 이런 이야기를 들을 때마다 무척 안타까운 생각이 든다.

34홀

## 잘 모른다고 말할 수 있는 겸손이 전정한 용기

아주 추운 날 아침 수도권 T골프장에서 동호회가 있었고 로우 핸디캐퍼 넷이서 작년 말 라운드를 했다. 우리는 평균 핸디캡이 6으로 특별한 경우가 아니면 라운드 중 모든 것을 스스로 판단해서 플레이하는 골퍼들이다. 그날 캐디 K양은 1번 티잉그라운드에서 매우 상냥한 어투로 공략 지점을 설명했다. 그런데 그녀의 설명에는 확신이 조금 부족한 것 같았다. 그렇지만 첫 홀은 핀이 바라보이는 코스이므로 아무 문제될 것이 없었다. 2번 파 5홀 써드샷 지점에서 그녀가 불러준 거리는 다소 의아한 느낌을 주었고, 그 다음 파 3홀에서 핀까지 거리를 불러줄 때에는 우리들의 판단과 차이가 많아서 되물었더니 대답을 얼버무리는 것이었다. 그리고 그녀는 캐디 일을 오래하였지만, 이 골프장으로 옮긴 지 얼마 되지 않았다고 말했다.

"괜찮아요. 아직 골프장이 익숙하지 않을 텐데 어떻게 모두 다 알겠어요."

우리는 화답을 해 주었다.

그린은 꽁꽁 얼었는데, 핀은 대체로 바로 벙커를 넘자마자 그린 앞쪽에 있다 보니 공략하기가 무척 어려웠다. 어느 파 3홀에서는 전원이 벙커에 빠지는 등 전반에 동토와의 사투를 마치니 대체로 18홀 핸디캡이 거의 소진된 불량한 스코어가 나왔다. 따뜻한 그늘집에서 몸을 녹이고 나오자 햇살이 조금 따뜻해졌다. 모두 심기일전하자고 다짐을 하고 후반을 시작하였으나 후반 첫 홀 그린 근처에서 어프로치를 하려던 H회원이 주변에서 작업을 하던 인부가 덜컹하는 소리를 내자 움찔하며 뒷땅을 치는 큰 실수를 했다. 극적으로 긴 퍼팅을 잘 마무리하여 파를 잡았지만, 후반의 좋은 스타트에 찬물을 끼얹을 뻔했고 골퍼들의 플레이에 관심을 쏟지 않는 클럽 측의 무성의에 다소 불쾌했다.

인접한 다음 홀에서는 작업 소음 속에서 플레이를 할 수밖에 없었다. 캐디 K양은 카트를 바로 옆에 세웠고 우리의 티샷을 잘 보려고 직후방에 섰다. 우리는 주변이 시끄럽고 산만한데 캐디까지 플레이선상 가까이에 있어서 지장을 받았고 나는 다소 실망스러운 티샷을 했다. 티샷을 마치고 그녀에게 항상 플레이선의 후방을 비워주는 것이 좋다고 조용히 설명했다. 캐디를 잘 도와 협조하는 골퍼에게는 플레이에 집중할 수 있도록 배려하는 것이 2캐디 3백으로 서비스하는 비결이라고도 알려 주었다.

나는 의도한 곳으로 세컨샷을 잘 쳤으나 써드샷이 오르막에 족히 180야드는 남게 되었다. 후반 코스는 오랜만에 온 곳이라, 그린의 왼쪽에도 벙커가 있는지 캐디에게 물었다. 벙커가 없다면 안전하게 그린 왼쪽을 겨냥하여 어프로치로 승부하기로 마음을 먹었다. 캐디가 다가와서 스코어카드를 펼쳐 보이며 왼쪽에도 벙커가 있다고 말해 주었다. 안경을 벗어야 작은 그림이 보이기에 캐디 말만 믿고 그렇다면 차라리 정면 공격이 낫다고 판단하고 핀 방향으로 샷을 했고, 볼은 벙커에 빠졌다. 그런데 그린 쪽으로 다가가자 그린 왼편에는 벙커가 없는 평평한 안전지대였음을 알게 되었고 마음의 상처를 받았다.

차라리 잘 모른다고 말했더라면 좋았을 텐데 스코어카드까지 펼쳐 보이며 왼쪽에도 벙커가 있다고 말해서 경

기 흐름을 끊어놓은 캐디의 부족한 센스가 야속하기만 했
다. 기분이 언짢은 상태에서 한 벙커샷은 실망스러웠고,
또 한 번의 퍼팅 실수로 큰 잘못 없이 더블 보기를 기록하
며 경기의 흐름을 잃게 되었다.

1캐디 4백이 얼마나 어려운 것인지 대부분의 골퍼들
은 잘 알고 있다. 물론 최선을 다해 코스를 파악해야 좋
은 캐디가 될 수 있다. 얼마 전 군산컨트리 클럽 캐디들
이 강사였던 나에게 "적어도 파 3홀에서는 173 또는 162
야드와 같이 단 단위까지 정확한 거리를 파악해서 골퍼들
에게 알려 주겠다"고 약속한 것은 신선한 충격이다.

캐디로서 확실히 알고 서비스하는 것이 최고의 덕목이지만, 모르는 것을 모른다고 솔직히 말하는 것도 진정한 용기이지 결코 부끄러운 것은 아니다. 캐디로서 정말로 부끄러운 것은 잘 알지도 못하면서 잘 알고 있는 것처럼 잘못된 정보를 말해 플레이에 지장을 주는 일이다.

## 35 홀

# 골퍼의 자존심을 세워주는 캐디

아시아의 톱 5코스라고 자부하는 태국 칸타나부리의 니찌고Nichigo 골프장을 방문했다. 여러 해 전에 가족 여행시 아들과 함께 라운드하고 매우 좋은 인상을 받은 곳인데, 잘 알고 지내던 태국인 친구가 이곳 사장으로 부임하였고 마침 아들이 주니어 선수 몇 명과 이곳에 전지 훈련 캠프를 차려서 방문하게 된 것이다. 이 골프장은 우리나라 선수들 전지 훈련장으로 각광받는 27홀의 좋은 코스인데 참 좋은 서비스를 제공하며 캐디들의 서비스 수준도 매우 높은 편인데 숙박 및 골프 비용이 하루 8만원으로 저렴하여 게스트들이 매우 만족하고 있다.

하루는 주니어 선수들과 라운드를 할 때 순박한 아주머니 캐디가 나에게 배정되었다. 나는 태국어를 모르고 캐디는 영어를 몰라서 대화는 제대로 소통되지 않았으나 수더분한 캐디의 센스 있는 서비스로 그 라운드는 매우 유쾌한 라운드가 되었고, 덕분에 난이도 있는 골프장에서 좋은 스코어를 기록할 수 있었다. 그녀의 센스 있는 서비스를 간단히 소개해 본다.

## 1. 동작 빠른 볼마크로 동반자들의 어프로치를 편하게 해 주다.

첫 번째 파 5홀에서 제일 먼저 써드샷을 했고 핀에서 약 5미터 지점에 온그린되었다. 동반자들에게 그다지 영향이 없는 위치였음에도 캐디는 재빨리 뛰어올라가서 볼마크를 했다. 닦은 볼을 건네 주면서 아무 말없이 왼손 엄지와 검지 손가락으로 동그랗게 원을(홀을) 만들고 오른쪽 검지 손가락으로 왼쪽 가장자리를 가리켰다. 미세하지만 왼쪽이 조금 높다는 표시였다. 돌이켜 생각해 보니 홀 주변의 라이가 어려워서 두 번이나 홀의 가장자리를 스치며 퍼팅이 빠졌던 것을 캐디가 안타깝게 생각했던 것 같았다. 평소에 퍼트 라인을 캐디에게 묻지 않는 편이지만, 그날은 캐디를 신뢰하고 조언을 받아들여 조금 더 편한 마음으로 쳤기에 짧은 퍼트는 거의 성공을 시킬 수 있었다.

## 2. 조용히 "차차"

첫 홀에서 경사를 잘못 읽고 숏퍼트를 놓쳐 당황했던 것 같았다. 그래서인지 조금은 서두르게 되었고, 티샷의 백스윙도 팔로우스루도 다소 급해졌다. 샷을 마치자 캐디가 나만 들을 수 있는 작은 소리로 조용히 "차차"라고 말했다. 정확한 의미인지는 몰라도 천천히 여유 있게 하라는 뜻인데 듣는 사람의 자존심을 염두에 둔 것 같았다. 나는 평소 캐디에게 특강을 할 때 모든 사람이 다 들을 수 있는 큰소리의 조언은 영양가 없는 공개 강좌이고, 한 사람 당사자만 조용히 들을 수 있는 조언이 진짜 황금 같은 조언이라고 강조한다. 칭찬은 누구나 다 듣게 큰소리로 하고, 조언은 한 사람만 들을 수 있게 아주 작은 소리로 하는 것이 좋다.

## 3. 어프로치웨지 사용해 보실래요?

그 골프장의 그린은 매우 빠르고 딱딱해서 한국에서 하듯이 러닝 어프로치를 하면 홀을 많이 지나간다. 몇 차례 홀을 길게 지나간 것을 본 캐디가 프런트 핀이 꼽혀 착

지 지점이 좁은 그린 주변에서 피치웨지와 어프로치웨지 두 개를 고른 후 어프로치웨지를 5센티 더 높게 올려놓았다. 자연스럽게 '제 생각에는 어프로치웨지가 좋은 것 같아요'라고 센스 있게 말한 셈이다. 그 역시 골퍼의 자존심을 존중해 주는 좋은 제스처였고, 그녀의 선택은 옳았다.

### 4. 50-50이지만 잠정구를 쳐 보시죠?

한 선수가 강력하게 친 티샷이 숲속으로 날아가 OB 말뚝을 넘어갔다. 우리가 보기에는 OB였는데, 티샷을 한 선수가 묻자 그녀는 50 : 50인데 잠정구를 한 번 치는 게 좋겠다고 했다. 페어웨이를 걸으며 거의 OB가 확실한데 왜 50 : 50이라고 했느냐고 물으니, 그래도 영어가 조금 통하는 옆의 캐디가 "일단 잠정구를 칠 때에도 희망을 가지고 치는 게 좋을 것 같아서 그랬다"고 통역을 해 주었는데 듣고 보니 그 마음씀씀이가 참 보기에 좋았다.

# 36 홀

## 베스트 캐디의 5덕목

'서당개 3년이면 풍월을 읊는다'라는 우스개 속담처럼, 베스트 캐디 수첩 칼럼을 3년간 연재하면서 캐디에 대한 생각이 많이 성숙해졌다. 10년 전에 일생의 오점이된 캐디 교체 사건이 있은 후, 나는 골퍼와 캐디의 상생관계를 이루기 위한 방법을 생각해 보기 시작했고, 그 결과 오늘에 이르러 일명 '골퍼를 살리는 캐디, 골퍼를 죽이는 캐디'라는 베스트 캐디 수첩 책을 출판하게 되었다.

골프의 목적은 모든 골퍼가 함께 최대의 즐거움을 얻고자 하는 행복의 추구이다. 그래서 골프는 다른 운동과는 달리 '타인을 위한 배려'를 매우 강조한다. 경제 위기인 요즈음 우리 국민들의 삶은 그리 녹녹치 않아 모두 힘들어하고 있다. 성경에 보면 예수님이 사역에 지친 제자들에게 '잠시 외딴 곳에서 쉬어라'고 말씀하셨는데, 삶에 지친 현대인들에게 골프는 잠시 외딴 곳에서 쉬면서 다시 에너지를 충전하는 매우 유익한 스포츠이고, 캐디는 그 행복 충전기를 손에 쥔 엔지니어이다. 행복 충전기사 자격증을 가진 베스트 캐디가 갖춰야 할 덕목은 어떤 것이 있을까? 나는 다음과 같이 다섯 가지의 덕목을 생각해 보았다.

## 1. 강(强) : 내공이 강해야 한다.

모름지기 실력을 갖춰야 한다. 전문가다운 서비스를 제공하려면 그에 걸맞는 실력과 내공을 갖춰야 가능하다. 요즈음 많은 골프장에서 캐디들에게 라운드를 허용하고, 골프를 하도록 권하는 것은 골프를 잘 아는 캐디가 한단계 더 업그레이드된 서비스를 제공할 수 있다는 믿음 때문이다. "그 집 갈비탕이 맛있다더라"라는 말 보다 "내가 먹어 보니 그 집 갈비탕이 아주 맛이 좋다"라는 말에 엄청난 파워가 실린다. 한국골프칼럼니스트협회에서 2008년 아름다운 캐디로 시상한 스카이72 골프클럽의 정순령 양은 핸디캡 12의 수준 높은 골퍼인데 프로 캐디로 발돋움하기 위해 끊임없이 연구하고 실력을 연마하고 있다.

그 결과 그녀는 단순 도우미가 아니라 골퍼들에게 수준 높은 전문적인 서비스를 제공할 수 있게 되었다. 골퍼들 대부분은 용모보다 실력 있는 캐디를 원하고 존중한다.

## 2. 예(禮) : 예절에도 품격을 더하라.

골프 규칙은 예절 강조로부터 시작되며 동반자들에게도 엄격한 에티켓의 수준을 요구하고 있다. 그리고 그것은 골퍼와 캐디들 사이에도 엄격히 적용되어야 한다. 화장을 잘 한 예쁜 모습으로 상냥하게 응대하라는 친절만을 강조할 것이 아니라, 고객 응대에 정성과 품격을 갖춰야 한다는 말이다. 내 몸이 피곤하다고 하기 싫은 일을 억지로 하는 듯한 인상을 준다면 골프장에 온다는 설레임에 밤잠을 설친 골퍼들에게 큰 실망을 주게 된다. 건강한 마음과 몸으로 예를 잘 갖춰 골퍼들을 대할 때, 골퍼들로부터 존중과 칭찬을 받을 수 있다.

## 3. 신(信) : 공평하고 믿음이 가게 하라.

골프란 친구 넷이 출발해서 원수 넷이 되어 돌아오는 우스꽝스러운 게임이라는 유머가 있다. 실제로 나이가 지긋한 골퍼들도 골프장에서 사소한 일로 말다툼과 격한 싸

움으로 번지는 것을 볼 수 있다. 대부분 내기 때문에 일어나는 일이지만 통상 공정한 기준이 없어 분쟁이 생기고 본의 아니게 캐디가 그 중심에 휘말리게 되는 때가 많다. 어떠한 경우라도 규칙을 편법으로 적용하는 일에는 참여하지 말고 원칙을 지켜야 신뢰받는다. '알 까는 동반자보다 회원이라고 협조하는 캐디가 더 밉더라'는 말을 들은 적이 있다.

## 4. 지(智) : 지혜롭게 운영하라.

아는 것이 힘이다. 모든 규칙을 상세히 다 알기란 쉽지 않겠지만 적어도 기본적인 룰과 규칙 그리고 에티켓은 확실히 알고 있어야 한다. 벌타 적용, 언플레이어블, 구제 조치 및 해저드 처리에 대하여 확실히 잘 배워서 골퍼들이 규칙을 몰라 손해 보는 일이 없도록 지혜롭게 가이드해야 한다. 코스를 손바닥 보듯이 확실하게 파악하여 항상 아주 정확한 거리를 알려 주고, 그린의 경사를 잘 읽어 바르게 조언하도록 노력해야 한다.

## 5. 애(愛) : 사랑의 색안경을 쓰라.

빨간 색안경을 쓰면 온 세상이 빨갛게 보인다. 내가

쓴 색안경이 사랑의 색안경이면 모든 골퍼들이 좋게 보이며 최선의 서비스를 하겠다는 다짐이 생긴다. 그러나 삐딱한 생각의 나쁜 색안경을 쓰면 보통의 골퍼들마저도 나쁜 고객, 진상 손님으로 보인다. 내 마음에 들지 않는다고, 나의 스타일이 아니라고 틀린 것은 아니다. 단지 다를 뿐이다. 진상 골퍼를 만나게 되면 업그레이드된 서비스 훈련의 좋은 기회라고 생각하면 상처를 덜 받게 된다. 사랑의 색안경을 쓰면 이렇게 진상 골퍼가 신상 골퍼로 변한다. 한국칼럼니스트협회로부터 이웃돕기를 실천하는 아름다운 캐디로 선행상을 공동 수상한 남촌 골프장의 김선희씨는 '내 작은 노력으로 행복을 전할 수 있음에 감사하며 하나를 주니 둘로 되돌아온다'고 말했다. 그래서 나는 많은 덕목 중 '그 중에 제일은 사랑이다'라고 믿는다.

# 캐디들이 꼭 알아야 할 기술 요점

## [필드에서 7대 중대 실수 없애는 법]

KPGA 김병곤 프로

- 슬라이스를 방지하자
- 훅Hook을 없애려면
- 뒷땅 치기Duff를 없애라
- 토핑Topping은 금물
- 생크Shank는 무섭지 않다
- 벙커에서 안전하게 탈출하기
- 여러 라이에서의 샷

## ■ 슬라이스를 방지하자

슬라이스를 치는 싱글 핸디캐퍼는 없다. 슬라이스는 아마도 초보자들의 전매특허일 것이다. 골프의 병 중에서 가장 괴로운 것을 꼽으라면 십중팔구 슬라이스라고 이야기할 것이다.

슬라이스의 원인과 증상 그리고 대책을 살펴보면

| 원인과 현상 | 해결 방안 |
| --- | --- |
| 위크 그립(Weak Grip): 왼손 엄지를 지면에 수직으로 잡고 오른손을 너무 덮어 잡으면 헤드가 돌아오기 어려워 클럽페이스가 열린다. | 스트롱 그립(Strong Grip)으로 과감하게 바꾼다. 왼손을 그립 후 내려보면 너클(Knuckle)이 2개는 보여야 하며, 오른손 그립의 V자가 오른쪽 어깨 견장을 가리키도록 잡는다. |
| 어깨가 돌지 않는다. 백스윙 때 볼을 바라보려고 머리를 고정한다. 때로는 어드레스 때 오른쪽 어깨가 앞으로 나와 있어 스윙궤도를 무너뜨린다. | 어깨를 충분히 돌려 등판이 목표선을 향하려면 몸통, 즉 허리까지 확실히 돌아야 한다. 혁대의 버클이 오른쪽 무릎을 가리킬 때까지 돌려주면 충분한 백스윙이 된다. |

다운스윙 때 갑자기 허리를 돌리려고 하면 왼쪽 무릎이 왼쪽으로 밀려 나가 클럽이 열린다.

다운스윙이 어드레스 위치로 돌아왔을 때 왼쪽 무릎과 다리로 벽을 쌓듯 고정하고 과감하게 스윙한다.

임팩트 때 볼은 보지 못하고 헤드업하면 상반신이 크게 들리면서 끝까지 피니시가 되지 않고 커팅이 된다.

최소한 임팩트시 볼을 보고 머리를 고정한 채 양팔을 끝까지 휘두른다.

드라이버의 경우 티를 낮게 꼽고 오른팔 힘으로 다운블로우로 세게 두드리는 경우 슬라이스가 되며 심한 경우 바나나 샷까지 된다.

다소 높게 티업을 하고 드라이버가 정점을 지나 올라가면서 (Ascending) 임팩트가 되게 한다.

약간 높게 티업

📋 요점정리

평소보다 과감하게 스트롱 그립을 잡고, 볼은 다소 높게 티업하며 백스윙은 버클이 오른쪽 무릎을 가리킬 정도로 충분히 허리까지 회전하고 다운스윙 때에는 왼쪽의 벽을 쌓고 최소한 임팩트시에 볼을 보아야하며 끝까지 자신 있게 휘두른다. 이때에 다소 그립을 내려잡으면 콘트롤이 좋아진다.

## ■훅Hook을 없애려면

슬라이스와는 반대로 몸의 움직임이 멈추어진 상태에서 팔의 스윙이 선행하여 클럽페이스가 빨리 돌아오거나 닫혀서 생기는 현상이다. 오른손의 액션이 강할수록 훅이 되기 쉬운데, 슬라이스보다는 훨씬 고상한 병이다. 그래서 고정적으로 훅이 난다면 확실히 초보자는 면했다고 봐도 무방하다.

티샷의 경우에는 볼이 떨어진 후 좌측으로 런Run이 많아 거리가 늘어나는 장점이 있으나 그린에 쏜 아이언샷의 경우에는 수시로 그린을 넘는 고통이 초래되기도 한다.

훅의 원인, 현상과 그 방지책을 살펴보면

| 원인과 현상 | 해결 방안 |
|---|---|
| 스트롱 그립(Strong Grip): 거리를 늘리겠다는 욕심으로 왼손과 오른손 모두 오른쪽으로 심하게 돌려 잡아 임팩트시 클럽페이스가 심하게 닫힌다. | 스퀘어 그립(Square Grip)으로 바꾼다. 왼손을 스퀘어로 견고히 잡고, 오른손은 다소 약하게 잡고 왼쪽으로 닫아, 엄지와 검지의 V자 꼭지점이 턱을 가리킬 정도로 한다. |

다운스윙에서 하반신의 움직임이 굳어 있거나 너무 일찍 정지하면, 임팩트 때 양팔이 돌아오는 타이밍이 빨라져 클럽이 닫힌다.

무릎의 움직임(Knee Action)을 구사한다. 다운스윙 때에 왼쪽 무릎을 목표선 쪽으로 조금 움직여 체중이동으로 리듬을 살린다. 충분한 몸통 회전과 톱에서 살짝 정지하는 템포를 유지하면 매우 좋아진다.

장타를 목적으로 릴리즈를 의식한 나머지 임팩트 직후에 오른손을 왼손 위로 덮는다.

임팩트 직후 오른팔이 쭉 펴진 상태일 때까지 오른손이 왼손 밑에 있도록 하고 그립의 끝이 자신의 배를 가리키도록 한 후 하이 피니시한다.

아이언샷 때 볼을 너무 오른쪽에 둘 경우 양손이 앞쪽으로 위치하며 실제로는 심한 클로즈드 스탠스 효과로 훅이 난다.

평소보다 볼의 위치를 왼쪽으로 놓고 가능하면 왼발 뒤꿈치 안쪽 연장 선상에 두어서 클럽이 닫히지 않도록 한다.

스퀘어그립

 요점정리

일단 거리 욕심은 버리고, 그립은 최대한 위크 그립 기분이 들도록 스
퀘어 그립으로 바꾸고 평소보다 볼의 위치를 왼쪽으로 놓아, 채가 닫
히지 않게 하고 리드미컬한 무릎의 움직임(Knee action)으로 체중 이
동을 해 임팩트 직후에 오른손이 왼손을 덮지 않게 하고 높게 피니시
(High Finish)한다.

## ■ 뒷땅 치기Duff를 없애라

오랜만에 잘 맞은 티샷이 가장 멀리 날아와 페어웨이 한복판에 놓여 있을 때, 회심의 미소를 지으며 세컨샷을 치는 순간, 덜커덩 어처구니없이 뒷땅을 치고 속쓰려 하는 아마추어들을 흔히 볼 수 있다.

잘 치려고 할수록 긴장되고 힘이 들어가 경직된 상태에서 다운스윙 때에 체중이 오른발에 남아 있어 클럽 헤드가 볼에 닿아보지도 못하고 볼 뒤 땅바닥을 치는 경우가 생긴다.

| 원인과 현상 | 해결 방안 |
|---|---|
| 어드레스 때 양쪽 무릎이 뻣뻣하게 굳어져 있고 몸 전체가 경직된 채 다운스윙을 하면 체중 이동이 되지 않아 오른발에 남는다.<br><br>스윙의 시작부터 끝날 때까지 몸을 숙였다 일으켰다 하여 무릎을 일정한 높이로 유지하지 못하고 가라앉거나 옆으로 움직인다. | 몸 전체의 긴장을 풀고, 양쪽 무릎에 여유를 주어 어드레스 높이를 유지한 채 다운스윙시에 유연한 체중 이동으로 오른발에 체중이 남지 않도록 한다. |

볼을 쳐 올린다는 의식으로 다 운스윙시에 머리와 오른쪽 어 깨를 심하게 떨어뜨려 뒷땅 치 기를 유발한다.

볼을 무리하게 쳐 올린다는 의 식을 버리고 오른쪽 어깨를 어 드레스시의 높이로 유지한 채 클럽의 로프트를 믿고 스윙한 다.

해결 방안

볼을 무리하게 쳐 올린다는 의식을 버리고 오른쪽 어깨를 어드레스시의 높이로 유지한 채 클럽의 로프트를 믿고 스윙한다.

## ■ 토핑Topping은 금물

필드에서 계속되는 실수로 가장 전형적인 것은 바로 토핑이다. 티잉그라운드에서 드라이버로 토핑을 하여 실수하고, 약간 열을 받은 상태 또는 불안한 상태에서 우드로 세컨샷을 할 때 샷의 결과가 궁금해서 헤드업을 하여 심한 토핑을 하고, 그린까지 필드하키 방법으로 몰고간 적이 있을 것이다.

토핑은 뒷땅 치기와 정반대 유형의 실수로 그 대표적인 원인은 헤드업을 들 수 있다.

| 원인과 현상 | 해결 방안 |
|---|---|
| 어드레스 때에 몸을 너무 낮춘 자세를 하거나 너무 고개를 내려 턱을 가슴에 붙인 경우 임팩트 때 상체가 들어올려져 토핑이 된다. | 어드레스 때에 무릎을 너무 굽히지 않고 스윙 시작에서부터 임팩트 후까지 무릎 높이를 일정하게 유지한 후, 피니시 때에야 선다. |
| 머리를 지나치게 뒤로 젖혀서 상체가 오른쪽으로 심하게 기울면 토핑이 되기 쉽다. | 머리가 바로 볼 위에 오도록 하여 목과 오른쪽 어깨가 우측으로 과도히 기울지 않도록 한다. |

스윙 도중에 힘을 넣기 위해 갑자기 무릎을 뻗으면 볼의 머리를 때리게 된다.

몸이 상하로 움직이면 토핑이 되므로 오른쪽 어깨와 허리 그리고 무릎의 높이가 바뀌지 않는 부드러운 스윙을 한다.

임팩트 지점이 확실치 않다.

볼의 뒤쪽 밑부분을 보며 볼을 지구라고 생각하고, 뉴질랜드 남섬이나 남아공의 케이프타운쯤을 친다.

너무 수그리지 말고 지구(볼)의
뉴질랜드 남성을 가격하라

## ■ 생크Shank는 무섭지 않다

많은 아마추어들이 필드에서 생크를 한 번이라도 내면 큰 걱정을 하며 부들부들 떤다. 생크란 클럽 헤드와 샤프트의 연결 부분인 호젤hosel로 볼을 치게 되어 오른쪽으로 밀려 나가는 샷을 의미하는데, 골퍼가 어느 정도 숙달되었을 때에 가끔 일어나는 실수이다. 많은 골퍼들이 생크를 치게 되면 불안감을 느껴 계속적으로 실수를 하여 스스로 무너지는 현상을 보이기도 한다. 그러나 육상 선수도 때로는 넘어질 수 있다고 대범하게 생각하고 대처하면 전혀 문제가 되지 않는다.

| 원인과 현상 | 해결 방안 |
| --- | --- |
| 볼에 너무 가까이 선다. | 볼과의 간격을 적절히 유지한다. |
| 백스윙 때 상체가 들리거나 뒤로 밀리고 다운스윙 때 오른쪽 어깨와 오른손을 앞으로 내밀어 친다. | 무릎의 유연성(flex)은 계속 유지하며 스윙은 다소 가파른 업라이트(upright)의 궤도로 한다. 백스윙 때 클럽페이스가 스퀘어되게 한다. 즉 샤프트가 9시 방향을 가리킬 때 클럽 헤드의 코 끝이 하늘 쪽으로 바로 서도록 한다. |
| 너무 인사이드로 낮게(Flat) 백스윙하고 손목을 돌려 클럽페이스를 오픈한다. | |

몸이 앞으로 쏠리지 않게
발 뒤에도 충분히 체중을 둘 것

## ■ 벙커에서 안전하게 탈출하기

골프에서의 대표적인 트러블샷이라면 그것은 벙커샷
이다. 세계에서 벙커 플레이 1위의 프로가 그 빛나는 퍼
팅 능력을 겸비해도 그린사이드 벙커에서 1/3은 파 세이
브를 놓치고, 싱글 핸디캐퍼가 1퍼트로 마무리하는 확률
이 10%대에 불과하다. 따라서 벙커를 피해가는 것이 최

선의 공략 방법이나 영영 벙커를 피해 다닐 수는 없다.

그리고 벙커는 성격이 완전히 다른 두 가지의 벙커가 있으며 플레이 방법도 다르다.

그러나 많은 아마추어들은 두 가지 차이점을 잘 인식하지 못하고 있다.

[페어웨이 벙커]

잘 맞은 볼이 페어웨이 벙커로 찾아 들어가 라이가 좋지 못한 곳에 놓이면 참 실망스럽고, 정확하게 볼을 맞혀 좋은 샷을 하기가 쉽지 않다.

그러나 올바른 마음가짐과 적합한 기술로 플레이하면 페어웨이 벙커는 플레이하기 쉽다.

| 원인과 현상 | 해결 방안 |
|---|---|
| 스윙 중에 밸런스를 잃어 미스 샷이 난다. | 양 발을 모래 속에 확실히 넣고 견고한 스탠스를 취한다. |
| 과욕을 부리다 벙커 턱 맞고 다시 들어온다. | 벙커 턱(lip)에 걸리지 않을 로프트가 많은 클럽을 선택하여 확실히 1타에 탈출한다. |

당황하여 서두르고 초조해하며 거리를 내려고 임팩트를 강하게 하려다 보면 뒷땅을 친다 (duff).

절대로 뒷땅을 치지 않기 위해 볼부터 가격한다. 얇게 치는 샷(Thin shot)이 두텁게 치는 샷(Fat shot)보다 낫다. 클럽은 1~2개 더 긴 클럽을 선택하여 그립을 내려잡고, 백스윙은 3/4 정도로 줄이고 볼 위치를 한 개 정도 우측으로 당겨 정확한 컨택트가 되도록 한다.

[그린사이드 벙커]

프로나 클럽 챔피언급 고수가 아니라면, 그린 주변에서 벙커에 들어갔을 때에는 확실히 1타를 버린다는 각오를 가지고 그린의 안전한 곳으로 나오는 것에 주력해야 한다. 이런 벙커 샷에서는 3 O의 성공 법칙이 있다.

1. 오픈 스탠스Open Stance : 목표보다 좌측을 향한다. 예 : 15야드의 경우 약 30도

2. 오픈 클럽페이스Open Clubface : 벙커에 들어가기 전에 확실히 클럽페이스를 열어서 눕혀 그립한다.

3. 아웃-인 스윙Out-to-In Swing : 그리고 하이 피니시한다.

| 하기 쉬운 실수의 원인 | 해결 방안 |
|---|---|
| 클럽페이스를 제대로 열지 않거나 백스윙은 큰데 치다 말아서 (혹은 감속) 다시 벙커에 빠진다. | 클럽을 확실히 오픈하면 볼이 멀리 날지 않는다. 자신 있게 피니시를 높게 한다. |
| 클럽페이스로 볼을 직접 때려서 그린을 넘기는 홈런을 친다. | 벙커샷은 볼이 아니라 모래를 치는 샷이다. 클럽의 바닥으로 (Sole) 볼 한 개 뒤쯤부터 천원짜리 한 장 크기 만큼 모래를 그린으로 퍼올린다. |
| 무조건 샌드웨지로 같은 스윙을 한다. | 비 내린 뒤 젖은 모래나 그린까지 거리가 멀 때(우그린인데 좌그린 좌측 벙커에 빠짐) 피칭웨지로 정상 스윙을 한다. |

■ **여러 라이에서의 샷**

한국처럼 산악 지형을 깎아 만든 골프장에서는 페어웨이나 러프에서의 샷 중 상당수는 편편한 라이가 아닌 경우가 많다. 업힐Uphill, 다운힐Downhill, 발끝 오르막, 발끝 내리막 등의 샷은 가끔 엉뚱한 실수를 초래하여 경기의 흐름을 망치게 되는 경우가 흔하다.

| 라이 형태 | 클럽 선택 | 볼의 위치 | 목표 비구선 | 스윙방법 |
|---|---|---|---|---|
| 업힐<br>왼발<br>오르막 | 1~2정도<br>긴 클럽 | 몸의<br>중앙 | 목표보다<br>오른쪽<br>겨냥 | 임팩트 위주로,<br>무리한 피니시<br>필요 없음 |
| 다운힐<br>왼발<br>내리막 | 1~2정도<br>짧은 클럽<br>을 사용.<br>롱아이언과<br>우드는<br>자제 | 오른발<br>가까이 | 목표보다<br>왼쪽<br>겨냥 | 오른 무릎을 더<br>굽히고, 임팩트<br>위주의 스윙을<br>하여 몸이 흔들<br>리지 않게 할 것 |
| 발끝<br>오르막 | 대체로<br>긴 클럽을<br>짧게 잡음 | 몸의<br>중앙 | 목표보다<br>훨씬<br>오른쪽<br>겨냥 | 임팩트 위주로<br>작은 스윙,<br>피니시를 생략함 |
| 발끝<br>내리막 | 1클럽 정도<br>긴 것을<br>잡고 무리<br>하지 않게 | 몸의<br>중앙<br>또는<br>약간<br>왼쪽 | 목표보다<br>훨씬 왼쪽<br>겨냥 | 스탠스는 넓게,<br>무릎 굽혀 중심<br>낮춰 하체 안정<br>시킨 후 상체로<br>만 스윙 |

요점정리

이렇게 정상적이 아닌 어려운 라이에서는 프로 선수들도 풀스윙을 하지 않는다. 특별한 경우가 아닌 한, 프로들도 거리 욕심을 내지 않고, 다음 샷을 하기 좋은 곳으로 무리하지 않게 샷을 한다. 볼의 위치가 헷갈릴 때는 우선적으로 클럽이 볼을 정확히 컨택할 수 있도록 몸의 중앙 쪽에 놓고 친다면 큰 무리가 없다. 그립은 발끝 내리막을 제외하고는, 내려잡는 것이 콘트롤도 좋아져서 콤팩트한 스윙을 할 수 있게 한다.